18

序言书信卷

于漪全集

上海教育出版社

1978年12月,参加中国妇女代表团访问日本

1982年3月,参加全国中学生优秀读物评选后造访太原晋祠

2014年,赴苏州为顾德辉老师90岁诞辰祝寿

革命老前辈康克清的嘱咐永远镌刻在心

出版说明

《于漪全集》是基础教育领域首部特级教师的全集,也是上海教育出版社为特级教师出版的第一部全集。它的出版,对于传承、弘扬和建设新时代社会主义文化,对于以教育自信创建自信的教育具有重要意义。

《于漪全集》收录了于漪在不同时期发表于全国各类期刊和出版于多种图书的论文、讲话、序跋等作品。难免挂一漏万,故对写作时间和文章出处不一一注明,留待日后修订逐步完善。同时,对原发期刊编辑部、图书出版单位一并致谢。

全集由上海市教师学研究会组织有关教师、专家编辑。于漪的教育思想植根于教学实践,是理论与实践的有机融合和生动阐述。有时一材多用,是为了从不同角度阐释相关问题,为读者呈现丰富的不同历史阶段的思考成果。

全集以"一辈子学做教师"为线索,根据文章内容,共分 8 卷 21 册,从基础教育、语文教育、课堂教学、阅读教学、写作教学、教师成长、序言书信、教育人生八个方面多维度展现于漪来自教育第一线的理论研究成果,力求树立当代教育家的典型形象。

目录

序 言

《中外名家读写趣闻》写在前面   3

《教师口才修养》序   6

《外国当代儿童文学作品选评》序   8

在"炼"字上下功夫
——《十字路口——'89上海市中学生新星作文大奖赛获奖作文评析》序   11

在书前说几句
——《缪斯的金钥匙》序   14

《初中生600字作文》写在前面   16

一点感想
——《新时期中学教师修养》序   18

《少年作文精华词典》写在前面   21

十年辛苦不寻常
——《华东六省一市中学生作文比赛十年佳作精选(1981—1990)》序   23

在限制中显本领
——《高中生700字作文》序   27

《我用拼音写日记》序   29

《深圳·珠海·澳门中学生作文选》序   31

《中师生必读》序   33

《在改革大潮中》序 35
《全国初中生作文大全》序 37
倾注真情咏浦东
　　——《"浦东之春"中学生优秀作文选》序 39
《美的世界》写在前面 41
往深处开掘
　　——《第二届"浦东之春"中学生优秀作文选》序 43
《语文教学的人文思考与实践》序 45
《初中语文学习导引》前言 48
《语文教育论文选》前言 50
《语文素质教育新探》序 53
阅读与素质教育
　　——《初中生阅读辞海》序 56
《语文课堂立体教学模式》序 58
《于漪文集》自序 61
《走近经典　高中文化读本》前言 71
《少年古诗词诵读本》前言 73
《探索明天的教育》序 75
《陈文高语文人生的四个乐章》序 77
《语文课堂问题教学策略》序 80
《新语文个性化写作》序 82
《苹果与粉笔灰——献给老师的心灵咖啡》序 85
《名家与你同行》序 87
《作文新视角》序 89
情真·理真·事真
　　——《我这样学写作》序 91

《上海市中学生年度最佳作文选(2004年)》序 … 94

《成语新解创意作文词典》序 … 97

《文字的背后:33位中国作家敞开心扉》序 … 99

《我的夜光杯》序 … 102

新苗破土　生意盎然
　　——《高手作文100篇》序 … 104

"著名中学师生推荐书系"序 … 108

《托起一抹绿色》序 … 111

《阅读教学田野研究》序 … 113

《读懂中国》序 … 116

"于漪新世纪教育论丛"小引 … 118

《语文可以这样教——"于漪语文德育实训基地"教学案例》卷首寄语 … 121

《走过高中》序 … 123

《中华经典诗歌鉴赏与诵读》序 … 126

传统经验与现代意识完美的结合
　　——《张庆文集》序 … 128

《上海名师课堂　小学语文卢雷卷》序 … 132

《守望杏坛》序 … 135

《启迪言语智慧》序 … 138

《上海名师课堂　中学语文黄荣华卷》序 … 141

真知灼见,启人深思
　　——《范守纲作文评说》序 … 145

《实践反思　同伴互助　专业引领——"三步实践课"校本研修模式的探索》序 … 148

《我教儿子学作文》序 … 150

《陶行知箴言》序 … 153

《人,活在价值体系中》序 155

《我的爱弥儿》序 158

《中小学文学课程导论》序 161

追求母语教学的高境界

  ——《发现语文之美》序 164

《岁月留痕——教育新闻的采访与写作》序 166

《提升精神与智慧力量——优秀教师的觉醒之路》序 170

《语文教学艺术新论》序 173

《教育的姿态》前言 176

《笑迎人生》序 179

《语文的尊严》前言 182

"中学生思辨读本"丛书序 184

三尺讲台系国运　一生秉烛铸民魂

  ——《卓越教师第一课——于漪谈教师素养》序 188

让孩子的心灵辉煌起来

  ——《中国校园文学　角斗士》序 190

拔节成长的佳音

  ——"中学语文教师成长进阶丛书"序 193

"'青青子衿'传统文化书系"序 197

《于漪知行录》前言 198

《生命的价值在讲台——戴绍英教育文集》序 200

"智慧育人探索丛书"序 204

《中国古代语文教育史》序 207

《课堂,与美相遇的地方》序 212

《触摸活着的鲁迅——一名初中语文教师的思与行》序 214

《别开生面的阅读与写作》序 217

《上海名师课堂　中学语文兰保民卷》序　220

《语感教学：内容确定与实践案例》序　223

"上海教师教育丛书·知困书系"前言　225

"中小学课程与教学彰显中华优秀文化研究与实践"丛书序　227

《每月与语文教师书》序　230

《向上的力量》序　234

《重温教育经典——一位校长的读书札记》序　236

《高中议论文难点突破——基于高阶思维培养的"问题解决型专题写作"微型课程》序　239

《爱的语文——赵群筠课堂教学实录》序　242

《初中作文训练技巧》序　245

为平凡教师教育诗篇专刊作序　247

《语文与语言——基于语言艺术的语文教育》序　249

《我走过的路》序　253

《中师生教育教学实用文体写作指导》序　256

《单元作文同步导引》序　258

《中学生优秀演讲稿选评》序　260

《给你一把金钥匙——学习语文十法》序　262

文前絮语
　　——《希望之光》序　264

《爱心的灌溉》序　266

《慎思笃行——数学教师研究问题的视角与方法》序　268

上海复旦中学校本教材序　270

《古诗吟诵》序　272

为马玉文老师新著作序　273

为教师成长新著作序　276

为陆继椿老师新著作序　278

序　言

《中外名家读写趣闻》写在前面[1]

  青少年学生学习,往往不得其门而入,很是苦恼。如果掌握了好的学习方法,情况就会不一样。比如,阅读,懂得有效的读书方法,效果就好;作文,理解为文之道,勤于练笔,进步就快。《中外名家读写趣闻》就在读与写两个方面,给大家提供了十分有益的启示。

  人们常把人类丰富的知识比作一座庭院深深的皇宫。要到这座皇宫中去探宝,首先手里要有开启宫门的钥匙。走进皇宫,循着一定的途径,步步前进。因此,人们也把方法说成途径,并把学习方法比作开启知识宝库的金钥匙。学问由浅入深,又常被比方为"登堂入室"。登堂要有登堂的钥匙,入室要有入室的钥匙。循路往前走,还有崇楼极阁,想更上一层楼开开眼界,又得有开启层层楼阁的钥匙。《中外名人读写趣闻》荟萃了许多著名诗人、学者、教育家、思想家、科学家有关读写心得的名言,把把钥匙金光灿烂,真是琳琅满目。读这本书,一定会发现其中许多说法都是"英雄所见略同",这说明学习的确有基本途径可以遵循,但也有不少条目所说各个不同,似乎是"公说公有理,婆说婆有理",这也不奇怪,它从另一角度告诉我们在学习中要善于"用一把钥匙开一把锁"。

  学习最重要的还在于开启自己心灵门扉上的那把锁,这就是常说

---

[1] 沈国平等编著《中外名家读写趣闻》(四川少年儿童出版社 1988 年版)。

的"开窍"。开了窍,就会思考,善思考,并掌握创造性的学习方法。《中外名人读写趣闻》中所写的都是各家经验之谈,是至理名言。但学习时如不深入思考分析,就会感到矛盾百出,莫衷一是;运用时,如果不结合自身情况胡乱采摘,机械应用,效果可能适得其反。书中的确有许多话一眼看过去南辕北辙,很是矛盾;其实,仔细一分析,一点也不奇怪,之所以如此,乃是因人、因时、因所学不同所致。如果往深处仔细思考一下,表面虽似矛盾,运用起来反而可以相辅相成。

以读书而言,从来就有精读、泛读之分。两者要求虽然不同,但缺一不可。典范的、基本的书籍、文章应精读,力求领悟深,能举一反三;一般书泛读,则在于扩大知识面,并加强快速泛览群籍的能力。我平日读书生活中总是注意两者结合。两者不仅要求不同,读法不同,即是读书时姿势也不一样。精读时正襟危坐,全神贯注;泛读时随便翻翻,身心轻松。读书以精读为主,泛读为辅,而泛读又起着调节的作用。

以写作而言,单是风格就很不相同。唐司空图《诗品》中把诗歌的风格分为雄浑、冲淡等二十四品,后人则越分越多。记得我早年作文时,有的老师喜欢文章写得"平淡",有的老师则喜欢"绚烂",那时年纪小不懂,只觉得无所适从。后来,读到清末唐彪《读书作文谱》中的一段话,就有了一点认识。书中写到苏东坡给他侄子的一段话:"凡文字,少小时须令气象峥嵘,采色绚烂。渐老渐熟,乃造平淡。其实不是平淡,绚烂之极也。"一个人作文,少小时应"气象峥嵘,采色绚烂";如果少小时力求平淡,久而久之定是文笔枯槁。年长渐造平淡,则又是一番境界,苏东坡说得好,"其实不是平淡,乃绚烂之极也"。前后写文章的风格似乎不同,但统一在一个人的身上。又如,鲁迅先生论陶渊明的诗说:"就是诗,除论客所佩服的'悠然见南山'之外,也还有'精卫衔微木,将以填沧海,刑天舞干戚,猛志固常在'之类的'金刚怒目'式。"两种不同风格的诗统一在一人身上,更表现了一个完整的陶渊明。

由此可见,学习和运用《中外名家读写趣闻》中的见解,不应是"寻章摘句"式的,而应是"融会贯通"式的。阅读与写作不能停留在嘴上空讲道理,应该结合自己的具体情况认真实践;特别是从说出到写出之间,有一个很大的飞跃,更需要勤练笔,多多实践。"他山之石,可以攻玉",书中的至理名言,虽可以开我们心窍,但不论是阅读,还是写作,毕竟还是要走出自己创造性的学习途径来。

《教师口才修养》序[①]

有人把语言的作用说得非常形象,说它"不是蜜,但是可以粘东西"。比方说,两个知心朋友一旦见面,倾心而谈,最后其中一个感动地说:"听君一席话,胜读十年书。"这个人确实被他朋友动人的言语"粘"住了。教师对学生"身教"外是"言教",对教师来说,掌握语言工具,特别是口头语言,有效地发挥它"粘"的作用,尤为重要。一个好教师,必须具备高超的说话能力。为此,《教师口才修养》一书的问世,其价值是不言而喻的。

编写本书的同志,都有丰富的教育工作经验,他们深知教师语言表达能力提高的重要性,立志写此书,倾注心血,介绍了许多宝贵的经验。书中说理清楚,做法切实,可说是有体有用,广大读者定能从中得益不少。比如,教师语言表达能力是多种能力的综合表现,为什么说是"综合表现"呢?《教师语言表达方式》这一节说得清楚明白,于此可见全书一斑。这一节讲了"口语与书面语结合""独白与会话结合""有声语与态势语结合",最后归结到"各种表达形式的综合运用",阐述得头头是道,做法也切实可行。我想,教师语言综合运用最集中最好的场合应是课堂教学。仔细阅读《教师语言表达方式》一节,很好地加以灵活运用,对上好一堂课很有帮助。如果教师把一堂堂课上得情趣横生,气氛

[①] 吴无锡等编著《教师口才修养》(中国城市经济社会出版社 1990 年版)。

活跃,学生就会如坐春风,学校的教学质量定会大大提高。

书名《教师口才修养》,这"修养"二字意味深长。这表明本书站得高,不仅讲语言技巧训练,而且把教师语言能力的培养和提高放在更广更深的基础之上。早在20世纪20年代,叶圣陶写过一篇题为《说话训练》的文章,其中说:"所谓善于说话,决不是世俗所称口齿伶俐,虚文缴绕的意思。要修养到一言片语都合于论理,都出于至诚,才得称为善于说话。所以这简短的标语实在含蕴得很丰富,分析开来,有精于思想、富于感情、工于表达等的意思。这就牵涉得很广了:要精于思想,应当有种种的经验推断;要富于情感,应当有种种培养陶冶;要工于表达,应当有种种的学习准备。爽直地说,这就包括了人生的一切活动,成了所谓正当地做人的事情了。"叶老站得高,看得远,讲得十分精彩深刻,堪称不刊之论。《教师口才修养》也一样,开宗明义从"教师修养"的高度立论,书就有分量,这是最值得称道的。

希望本书的发行能促进广大教师更加重视语言修养,进一步提高语言能力,使之"粘"住学生,在教育教学中发挥更大的作用。

《外国当代儿童文学作品选评》序[①]

扬起想象的风帆,驰骋在无垠的天空,在蓝天上画下丰富多彩的种种图画,"有的是浓艳的水粉画,有的是雅淡的水墨画,有的是朦胧的油画,有的是细腻的钢笔画,有的是粗犷的木炭画,有的是疏简的漫画……",这是我初读段海强、彭敏两位老师《外国当代儿童文学作品选评》书稿的美好印象。这本书收集了当代21个国家62位著名儿童文学作家的72篇儿童文学作品,琳琅满目,美不胜收。加上编写者精心点评,孩子们读了这本书,定能受到美的熏陶,在思想品德、行为习惯的形成和发展上,受到良好的影响和教育。

书里充满富有教育意义的故事,奇思妙想出人意料。在此不妨略举一二。《面包房里的猫》中,琼斯太太的猫莫格,喝了掺有酵母粉的牛奶,身体膨胀起来,越胀越大,竟胀到鲸鱼那么大。整个小镇为此震惊,万分恐慌。正巧山洪暴发,洪水危及小镇安全。幸亏那只硕大无比的猫,一屁股坐在山谷间三天三夜,挡住洪水,一镇得救。莫格做了这样一件大好事,受到全镇人民的尊敬。又如另一篇童话《一个唬老虎的小男孩》,说的是一个叫沙奇的男孩,专爱唬老虎。他与老虎相遇,老虎对他大声吼叫,沙奇不仅不怕,反而吼叫得比老虎更响,声势压倒了老虎。他与老虎交谈说:"只有勇敢的人才不怕老虎。"此来彼往,沙奇与老虎

[①] 段海强等编《外国当代儿童文学作品选评》(江苏少年儿童出版社1990年版)。

成了好朋友。多么出奇有趣的故事！不难想象，孩子们读来定是趣味盎然，从中受到教育。

　　人们怎么会想象到，一只逃出动物园的狮子竟然会走进电影院看电影？请看《贝尔格莱德出了乱子》一诗：有一头狮子逃出动物园，弄得满城风雨，人人自危。人们想出种种对策。哪知狮子谁也没有伤害，而是文文静静走进电影院温温和和坐着"看那从它老家非洲拍来的电影"。真正令人厥倒！满怀乡愁的猛狮向往自由的故土，竟是如此"文文静静""温温和和"。说到乡思，不禁联想起李白"举头望明月，低头思故乡"的诗句。李白有好几首描写故乡月亮的诗，故乡朗月分外可爱，难怪他见月而思故乡。我更联想起诗人冯至的一首刻画茅屋里风雨之夜心情的十四行诗。诗中有这样几行：

> 铜炉在向往深山的矿苗，
> 瓷壶在向往江边的陶泥，
> 它们都像风雨中的飞鸟
> 各自东西。

雨猛风狂，诗人寂寞孤单，竟感受到铜炉、瓷壶都向往它们的老家，"像风雨中的飞鸟各自东西"。这同样是奇思妙想，更是绝妙好诗。诗离不开想象，儿童诗更如此。《贝尔格莱德出了乱子》想象如此奇妙，读者定会对那头狮子的行为叫绝。最后再引一下《我学写字》中的几行诗：

> 当我的笔写好了"草地"，
> 我就看见在花间忙碌的蜜蜂，
> 还有两只蝴蝶旋舞着，
> 我挥手就能把它们全兜进网中。

孩子想象力丰富,往往远胜成人。我依稀还能记起儿时读故事时脑际升起的一幅幅图画的情景。小时候读《爱的教育》中"少年笔耕"的故事时,脑子里似电影般显现一个个形象,令人感动不已。如今我重读这故事,竟是形象淡薄,心灵也不似往日那般震颤,为此我常常留恋儿时读书的乐趣。我们成年人写"草地"二字,是否也能产生上述诗句中的形象和情趣呢?很难说。如此说来,成年人,特别是家长、教师,也可以读一些儿童文学作品。

丹麦著名儿童文学家安徒生,把创作儿童文学作品看成是"争取未来一代"的"一个崇高的使命"。但他创作时不忘成年人,他说:"我用我的一切感情和思想来写童话,但是同时我也没有忘记成年人。当我在为孩子写一篇故事的时候,我永远记住他们的父亲和母亲也会在旁边听。"为此,我在把《外国当代儿童文学作品选评》一书向孩子们介绍的同时,也郑重推荐给他们的家长、老师读读想想,以便他们在争取下一代的崇高使命中更有效地塑造儿童优美的心灵。

在"炼"字上下功夫[①]
——《十字路口——'89上海市中学生新星作文大奖赛获奖作文评析》序

1989年1月底,《上海工业经济报》和上海市市北中学联合举办了"上海市中学生新星作文大奖赛"。这是一次教育与工业结缘的有益尝试,目的在于培养、锻炼学生的写作能力。参加比赛的是来自全市22个区县1 200名中学生,他们藻饰纷呈,写下了许多颇有才华的文章。这本获奖作文选就是这次大奖赛取得的丰硕成果。

信手拈到一个陌生的题目,立即着意构思,展纸落笔,在短短两个小时内,写下一二千字的文章确非易事。如果平时不认真锻炼,到时要想妙笔生花,是难以如愿的。

"十年磨一剑"。要使剑刃锋利,寒光逼人,削铁如泥,这绝非一日之功,而需经长期磨炼。写文章也是如此。要使自己的笔端有清泉之水汩汩往外流,须在"炼"字上狠下功夫。

首先,要打开认识的窗户,锻炼自己的眼力,学会观察,把种种纷繁的物象尽收眼底。俗话说:"巧妇难为无米之炊。"再能干的妇女,没有"米",也是做不出饭的。写作文也一样,腹中没有充分的材料,不管用

[①] 邹孚庭、方仁工主编《十字路口——'89上海市中学生新星作文大奖赛获奖作文评析》(上海三联书店1990年版)。

怎样的方法、怎样的技巧,也写不出像样的文章。材料从何而来?阅读是重要的途径,观察生活也是同样重要的途径。眼睛是通向心灵的窗户,青年学生善于使用自己的眼睛,对所接触到的景、物、人、事产生浓厚的观察兴趣,看仔细、看真切,既能探幽,又能发微,天长日久,就能积累大量的丰富的感性材料,下笔就无搜索枯肠之窘。这次入选的获奖作文反映了习作者平时观察的细致。不少记叙的文章,写的多是身边人、身边事,即使是"冬天的一瞬间",也丰富多彩,情趣横溢。

生活情趣具有能把读者带进作者笔下艺术天地的魅力。然而,更为重要的是要有思想,用心灵审慎地过滤种种材料,用心灵思考一些问题。议论文更是如此,思考问题须有一定的深度,能接触并揭示事物的本质。立意高,又懂得一点辩证法,说理就能闪发光彩。高中一等奖《黄牌警告》一文就是如此。文章并未一味死死扣住黄牌写,而是从"亮黄牌"和"亮红牌"的辩证关系入手,说:"如果没了'红牌',那'黄牌'就形同虚设。"指出必须认清两者的关系,运用起来才能得当。动不动亮红牌是惩罚主义;该惩不惩,一味亮黄牌是姑息主义。联系到对付当今社会弊病,往往只是一味不痛不痒亮黄牌,分明是姑息养奸。这样,文章除说清道理外,又注入激情,深刻而动人。

再次,文章的构思也极为重要。写作文既要"言之有物",还要"言之有序"。动笔之前,应做到整体构思,做到胸有全局。如何"以意运法",如何繁简奇正,如何铺垫渲染,构成波峰波谷,如何张弛相间,展现起伏节奏,等等,均应在下笔之前通盘考虑。这次入选的有些文章,构思颇有特色,有的巧妙,有的新颖,这说明这些学生初步掌握了基本写作方法和规律。比如《我的那支笔》,可实写,可虚写,无论实写还是虚写都有各种不同角度。构思角度不同,写出的文章就会多种多样。高中一等奖的《我的那支笔》这篇是虚写,构思有独到之处。作者开宗明义提出:"每次,当我提着笔摇晃着写的时候,我总疑心那支笔不是我自己的。"提得突兀,读者想知究竟。作者随后围绕这一点摆事实,讲道理,谈学作文以来多年的甘苦、体会,认识的提高和写作的进步。最后,作者才提出怎样才能算有一支"真正属于你的笔"的问题。由此我联想起唐代大文豪韩愈的《毛颖传》,找出来又饶有兴味地读了一遍。韩愈的这篇名文是为毛笔立传的,采取的是拟人手法。古时毛笔以兔毫制成,有锋颖,故借作姓名叫毛颖;作者又以古籍中有关兔子的材料为毛颖叙家世;再以秦蒙恬选笔的说法,写毛颖在统一文化中的功勋;最终,毛颖因老而发秃遭到冷落,被弃置不用。作者好似"以文为戏",实则讽刺当时的统治者刻薄寡恩。文章写来曲折尽意,恣肆飞腾,读来不论在立意或构思方面,都能得到教益。

锦绣文章语言缀成,准确、生动的语言当然更须千锤百炼。光炼意,不炼词炼句,就会文不逮意;而炼词炼句又能促使思路的清晰。"意"与"文"双锤炼,意新语工,写出来的文章就有分量,就会使读者喜爱。入选的得奖作文中有的语言锋利,有的语言优美,有的通篇流畅,可见学生在这方面也是很用心思的。记得有位作家这样说过:"作为音乐符号的七个音符,可以变化出无数壮丽、美妙的乐曲,那么,作为语言符号而又在数量上远远超过音符的文字,将可以给人类展示出多少智慧的组合呢!"由此可知,文字的功夫无止境,要能引笔行墨,快意累累,须多多磨砺,多多追求。

学生初涉星河,已展示了写作上的巨大潜力。祝愿得奖者和广大学生继续锻炼写作能力,写出更多的文情并茂的佳作,点缀天空,点缀生活。

在书前说几句[①]
——《缪斯的金钥匙》序

广西壮乡五位中青年教师在艰苦的条件下,坚持几年,编写了一套三册的中学生课外文学读物,承蒙错爱寄来了书稿,要我在书前面说几句话。在阅读书稿时,我为他们的刻苦精神所感动,情不自禁地要对语文教学说几句话。

已故著名学者王力在《王力论学新著》中说过:"从狭义的概念说,中国的语言学只有八十年的历史。在此以前,中国只有语文学(Philology),没有语言学(Linguistics)。"这是从严格的科学意义研究语言学而说的。过去几十年中,我国不少语言学家以科学的方法研究语言学,取得了不小的成果,这些成果对提高我国语文教学水平的功劳是有目共睹的。但更进一步提高语文教学水平终究要看语文学的研究水平。

语文教学中语言教学固然重要,但千万不能就此忽视文学教学。近年来,人们提倡比较研究,我就稍稍将我国语文教学和我国外文教学作比较。外语不是母语,由于客观条件有异,外文教学首先重视语言教学,特别是口语教学,这没有错,事实上也收到了一定的效果。经过严格训练,许多学生能在一定的场合说流利的外语,发挥了作用。但是,

---

[①] 张俊秋等编著《缪斯的金钥匙》(广西人民出版社1991年版)。

在有些场合他们却显得捉襟见肘，难以应付。原因在于文化知识欠缺，文学修养差。有一位老专家外文程度很好，我问他怎么才达到这种高超水平的，他说因为读了许多外国小说。由此我领悟到：只是说一口流利的话，不一定语文水平高。北京街头不难找到说一口流利北京话的，但他不一定中文水平高；同样，伦敦街头也不难找到一口流利伦敦腔的人，但他也未必一定英文程度好。至于书面语言，如学生作文、写作基本训练不可少，但要写出文情并茂的有分量的文章，加强文学教学，课外指导学生多读文学作品，从某种意义上说，更为重要。

《缪斯的金钥匙》就是一套旨在加深中学生文学修养的课外读物。书的内容丰富多彩，选文有诗歌、散文、小说、戏剧，古今中外皆有，以现代和当代的作品为主，读本具有较强的时代感。它既给青年学生打开放眼世界的窗户，使他们开阔视野，又开启心灵的门扉，加深他们思想情操的修养。至于帮助学生提高语文水平，更是不言而喻。编者给我来信说："目前全国青少年的文化素质的确使人忧虑，中学生囿于教科书的狭小范围内，课外阅读的大多是言情与武打。改变这种现状，将青少年培养成有丰厚的文化素养、深沉的爱国热情、开阔的世界眼光、崭新的民族个性的一代，是教师们神圣的职责。"张俊秋等五位老师编写这套书，就是从一个方面履行这神圣的职责，这种精神十分可贵，值得称道。

我一向主张语文教师要经常动笔，把自己的教学成果写下来。写，不单是整理文字，还是理清思想；写，能使头脑愈益清明。写作犹如登楼，积步方能登高望远。本书的作者是热情的攀登者，他们今日的成果说明已得其门而入，如此孜孜以求，来日必能更上一层楼。

《初中生600字作文》写在前面[①]

《初中生600字作文》是一本别出心裁、独具慧眼的学生作文选本。

说它别出心裁,是指选文限字数而言。一般选本有的文章长,有的文章短,其根据是文章当长则长,当短则短。这是有道理的。而这个选本所有文章的篇幅均限在600字上下,顶多不超过700字,其根据是初中生作文一般篇幅多在600字上下,初中生应及早养成写精练的、言之有物的文章的习惯。这也是十分正确的。

说它独具慧眼,是指挑选者的见解而言。选文篇幅都限得如此短,人们会担心能选出多少好文章。这就看编选者的眼光了。本书编选者首先要求文章通顺流畅;但因文章篇幅短,很难写得一波三折,为此,编选者进而要求入选文章要写得有特色,具有一点或几点突出的地方。由于有这样的新思路,就选出了许多好文章,既包罗了记叙、说明、议论等各种文体的佳作,又反映了各类学校(包括台港澳)和国外初中生作文的总貌。

本书各种体裁的佳作给青少年学生提供了有益的借鉴,青少年可从中学得种种写作技巧。比如体育运动,基本功很重要;基本功好,技巧过得硬,就会创造出好成绩。当然,只讲基本功还不够,运动员还要有好气质。气质好,基本功扎实,就能成绩斐然。

[①] 鲍志伸主编《初中生600字作文》(学林出版社1991年版)。

写作文是同样道理。写作技巧固然重要,但更重要的是要有充实的内容。有好的内容,表达又曲折跌宕,文章就有物、有意、有情。对于这点,本书更是特别注重。

我努力把这篇前言写成600字短文,好使它能站在书的前面。

一点感想[①]
——《新时期中学教师修养》序

阅读《新时期中学教师修养》书稿时，不禁浮想联翩，读着读着，少年时代学习生活中的一幕幕情景从记忆深处升起，眼前浮现出老师们的一张张笑脸。我又一次深切地体会到，自己立志从教，热爱教师工作，热爱青少年学生，最早的引路人就是我可敬可亲的中小学老师。他们一直是我心目中的光辉榜样，我对他们怀有无限敬意。

老师最使我崇敬的是他们的热爱祖国的精神，我在中小学受到的爱国主义教育，对我一生处世行事有极其重大的影响。今天，爱国主义教育又十分鲜明地提了出来："当前中小学德育工作中，要强调爱国主义教育，要把爱国主义作为一根红线，贯串于对青少年的政治、思想和品德教育中。"我国已经进入改革开放，建设有中国特色的社会主义的新时期，这一号召具有特别重要的意义。

我读这本书稿时，一面回忆早年中小学老师对我进行爱国主义教育的情景，一面又思考着在新时期如何加深爱国主义认识，加强这方面的修养。往事历历在目：语文老师朗读岳飞的《满江红》，慷慨激昂，满座震惊，朗诵辛弃疾的《南乡子——登京口北固亭有怀》，悲愤填膺，潸然泪下；历史老师列数帝国主义列强"瓜分中国"罪行时，"是时俄据旅

---

① 吾用明等主编《新时期中学教师修养》（上海教育出版社1991年版）。

顺大连湾,德据胶州湾,英据威海卫,法据广州湾……",简直是一声声控诉一行行泪;体育老师告诫我们要雪"东亚病夫"之耻;音乐老师教唱《苏武牧羊》,"苏武留胡节不辱,雪地又冰天,苦忍十九年……",尽管曲调那么"温柔敦厚",内心却是激动不已……老师就是这样以自己对祖国的挚爱在我们学生灵魂深处点燃热爱祖国的火焰,激发我们爱国主义情怀。

给学生爱国主义教育最深的是中国近代史。帝国主义打开中国大门,肆意侵凌掠夺,令人痛入骨髓,不打倒帝国主义誓不为中华儿女,在历史上曾成为广大学生的心声。一部中国近代史,既是帝国主义的侵华史,又是中国人民反帝的爱国史。不幸的是,中国人民前仆后继的斗争都失败了。只有当中国共产党登上历史舞台,领导全国人民推翻三座大山,中国才获得了解放。历史向我们揭示了无可辩驳的真理:只有共产党能够救中国。我坚信这一真理。

今天,中国作为一个独立的主权国家,实行了对外开放政策。开放,加强了与世界各国的交往,促进了国内经济的飞快发展。当今交通发达,世界似乎"小"了,人们交往频密。在这种情形下,海外不断飞来"龙的传人"的呼声,激起我们的沉思和遐想。"龙",长期以来在我心目中是封建帝王的象征。其实,历史上"龙"象征中华民族大团结。今天,我们的爱国主义扩大到世界各地华人,在爱国主义旗帜下,团结的人更广泛,包括团结所有"龙的传人"来振兴中华。我想,对新时期的爱国主义应有新的认识。作为培育学生的教师,对亲爱的祖国满腔热情满腔爱,倾注心血为祖国造就栋梁之材,是教师修养中最基本的,也是最重要的。

这本书一个鲜明的特色是以榜样说话。榜样的力量是无穷的。书中列举了许多一线优秀教师的先进事迹和出色成绩。读到这些事例,我的第一个感觉是"喜",喜的是在新时期全国各地有那么多的优秀教师在为社会主义教育事业奋斗;第二个感觉是要"学",对比之下,深感自己不足,必须努力学习他们献身教育的精神,学习他们的先进经验,促使自己奋力前进。人们常说,"要求学生做到的,教师首先要做到","身教重于言教",这本教师修养书,正是牢牢把握了这一原则的。

本书的另一鲜明特色是说理透辟。书中阐述了教师修养的基本原理,并分章深入探讨了教师的"思想政治修养""道德修养""文化修养""能力修养""身心修养"和"修养的途径和方法"等问题。特别值得一提的是,本书把教师修养放在"新时期"的角度来考察,因此,它不仅讲述了一般性原理,而且在许多地方有新的阐发。

最后,还想和学习本书的同志说句话:凡学习某一道理都要力求真正学懂;学了,能把道理原原本本讲出来,不一定是真懂,真正懂的标志是能做到。学这本书真正懂的标志是否可简单归结为:对教师工作一往情深,执着追求,热爱学生,并受到学生的爱戴。愿我们在德、才两方面不断加深修养,做伟大祖国信赖的好园丁。

《少年作文精华词典》写在前面[①]

兴趣是学习的先导,作文教学特别要注意到这一点,中小学语文教师更要善于培养少年儿童的作文兴趣。记得小时候,我写作文兴趣很浓,可算是学习生活中第一快意事。老师把作文题一写上黑板,自己立即构思,伸纸动笔,文思汩汩,完卷交上,急切盼着老师改了早日发下来。作文发下来,看到有的地方密密加圈,文后有时加上鼓励性批语,心中有说不出的欢乐。为了写好作文,平时还喜欢背诵一些美丽的句子,一有机会就套到作文中去。有一次读到"晴天一碧,万里无云"的句子,形象在心中升起,觉得美极了。后来,老师出了个关于郊游的作文题,写时就用了进去。作文发下来,两句连圈到底,幼小心灵中乐滋滋的。如今回忆,喜悦的情景仍是历历在目。亲爱的小读者,到底是什么勾起我儿时的美好回忆呢?就是大家面前这部《少年作文精华词典》。这是一本非常有趣的书,它一定能引起你们的兴趣,并从许多方面提高写作水平。

从上面的回忆中,我进一步体会到:少年儿童要写好作文,生活材料储存固然首要,但平时文字上的储存也不可少。有生活材料,作文时有东西可写,言之有"物";有文字上的储存,写作时才能笔底流畅,并使这"物"表达得更有精神。《少年作文精华词典》,正是少年儿童文字储存的一部好书,它的内容丰富多彩。书从中小学生的优秀作文中,选录了近3 000

[①] 朱耀成编《少年作文精华词典》(上海辞书出版社1992年版)。

个精彩片段,内容反映了学校、家庭和社会生活等各个方面。全书分"写人""写景""状物""记事""写作方法"五编,下分35大类,200余小类,3 000精彩片段依类相从,分列其间,编排得合理周到,读者运用时,查检非常方便。其实,这本书不仅可供查检用,还可供阅读用。少年儿童读者可以根据自己的需要,有计划有意识挑选一些,常常读一点,记一点。这样,写作文时一定会顺手得多,写作水平也会提高得快一些。

我是在一年中自己最喜欢的初夏季节读到这本书稿的。我喜欢初夏,因为大自然生意盎然,生机勃勃。初夏来临,在我国是农历四月天,小时候这时最爱读司马光的《客中初夏》:"四月清和雨乍晴,南山当户转分明。更无柳絮迎风起,惟有葵花向日倾。"在西方,它的来临是公历五月,稍大时爱读德国诗人歌德的《五月之歌》,诗的开头四句是:"自然多明媚,向我照耀!太阳多辉煌,原野含笑!"又是什么使我想起这两首诗的呢?也是《少年作文精华词典》,那是在我读书稿第二编"写景"中关于初夏的一段时联想起的。小作者写道:

初夏,成行的向日葵长得很茁壮,绽开一朵朵金黄色的花朵,迎着朝阳怒放。火红的石榴花开得多么茂盛,鲜艳的花朵散发着阵阵芳香,引来一群群蜜蜂和蝴蝶。它们边歌边舞,纵情地赞美这美丽的世界。

小作者对初夏大自然的感受似乎不亚于大诗人。仅举这出墙的一枝"红杏",可想见书中"万紫千红"的景色。

更值得一提的是我在读这本书稿时迎来了今年的"儿童节",佳节生情,读时仿佛听到"祖国花朵"的童心在书里欢快地跳动,令人陶醉。因此,《少年作文精华词典》无疑又是这样的一部书:少年儿童读它,定是备感亲切;成人读它,定能沉醉到美丽童年的回忆中去。

十年辛苦不寻常
——《华东六省一市中学生作文比赛十年佳作精选（1981—1990）》序[①]

人们常说：年纪大起来，往往喜欢缅怀过去。可是这多年来我并非如此。我总喜欢站在高处，望着远处，切实把握住现在，努力把面前的工作做好，难得沉湎到对往事的回忆中去——这也许是受改革开放的时代精神感染吧！但此次《青年报》同志来说，他们要编一本华东六省一市中学生作文比赛获奖的《十年佳作精选》，要我在书前说几句，哪知这一下，回忆之闸豁然洞开。我思绪翻腾，一直回溯到这个比赛举办的源头，回忆起比赛是怎样办起来的，又是怎样一届一届坚持下来的。往事历历在目，感想也着实不少，而一言以蔽之就是：十年辛苦不寻常。

凡事开头难，创新事更难。我们若以今天看过去，似乎办个把比赛不算什么，何难之有！岂不见今天这比赛、那竞赛比比皆是吗？可是《青年报》开始举办这个比赛是在十年前。十年前，比赛还是新鲜事，尚不多见；更何况范围大到六省一市，这样大规模的比赛当年可算得上是凤毛麟角的了。创办一件新事，首先要一眼看得准，再次要见机而作，拿出魄力来

[①] 青年报社编《华东六省一市中学生作文比赛十年佳作精选(1981—1990)》(上海教育出版社 1992 年版)。

把握住时机全力以赴。《青年报》的同志正是这样做了。那时候,为了大力培养各种社会主义建设人才,党和国家重视教育,采取措施振兴教育,开创了教育工作的新局面。就在这教育事业的春天来临之际,一向面向全国广大青少年的《青年报》,凭着他们一贯热心培育青少年成长的责任心,凭着他们特有的事业敏感性,不失时机地在1981年举办了第一届华东六省一市中学生作文比赛。具体评选工作由评选委员会主持,当时的上海市社联主席罗竹风同志担任评委会主任委员。罗竹风同志一贯热心青少年教育事业,德高望重,大家尊称他为"罗老",由他来主持再合适不过了。评委会一开始就标举四个字:"团结""公平";来自各省市的成员一定要紧密团结,从全局着眼,通力协作,切实做到公平。由于全体成员齐心协力,真正做到"团结""公平",这个比赛开了一个好头,并为以后的工作树立了良好的风气,打下了坚实的基础。

  开头固然难,坚持更不易。大家不难看到,多年来这比赛那竞赛如雨后春笋,几乎触目皆是,可又有多少能坚持办好办下去?并不是说凡比赛都得一届一届办下去,办不办得看社会需要;若只需要办一次就够,当然不必硬办多届。但社会需要本可以一届届办下去的,如果一下子就寿终正寝,就必有原因了。举办比赛的动机是否纯正,组织得是否合理,是能否办好的关键。多年来确有许多举办得好的比赛,收到了很好的社会效果。但也毋庸讳言,其中不少没办好,潮来潮去,如飘风之不终朝而已。还有极少数,举办比赛的动机就有问题。照理说举办比赛在于识拔真才,树"千里马",是不是也有旨在"树伯乐"的呢?看来也有。唐代大文豪韩愈说:"世有伯乐,然后有千里马;千里马常有,而伯乐不常有。"有的人举办比赛或许在于反证"伯乐常有",少不得他本人就算一个。这种"树伯乐"的比赛,一旦"伯乐"功成名就之时,也就是比赛烟消云散之日,不用说,它只会昙花一现,只会是短命的。当然,这只是极个别的现象。《青年报》举办这个比赛则完全不同,他们是出于对社会的责任,怀着对青少年学生的满腔热忱来开展这项工作的。提高中学生的写作水平是目的之一,更重要的在于引导青年学生热爱生活,观察生活,领悟人生哲理,培育奉献精神。正由于目的明确,站在高处,因而风气正,届届办得好。尽管主持比赛的人和评选人员屡有变动,比赛还是锲而不舍地一届届办下去,并且不断有所提高。

我很喜欢读唐代大诗人杜甫《上白帝城》一诗中的两句:"江城含变态,一上一回新。"我们可以设想,如果诗人杜甫登城不是"一上一回新",那么他的登临一定是十分乏味的。由此可见,比赛如果办来办去是一张面孔,不注意时时注入新内容,要长期办下去也是不可能的。党的十一届三中全会开创了我国建设具有中国特色的社会主义的新时代,全国人民意气风发,艰苦奋斗,新人新事、新思想新道德新风尚犹如潮水般涌现,科学技术迅猛发展,信息传播神速,这些都开阔了学生视野,激发了他们的写作热情。情动于中而言溢于表,他们握起彩笔绘新图,发议论,抒胸怀。从参赛者的作品里,我们清晰地看到时代的活水在字里行间欢快地流动,他们不仅写出了城乡经济一日千里的发展,还热烈地歌颂了社会上精神文明大发扬。社会在日新月异地前进,青少年学生的脉搏与时代的脉搏一同跳动,这样他们的作品就会向读者不断送来一阵一阵清新的气息。20世纪80年代是我们祖国阔步前进的十年,我们这本《十年佳作精选》正反映了这辉煌的十年。读者一定可以从中听到这一时期广大中学生的心声,听到他们不断前进的脚步声。

"十年辛苦不寻常",但这不寻常的辛苦带来的是喜悦,是累累丰美的果实。试看,这十年来,耕耘者不是更加成熟了吗?《青年报》的一代代主持其事的年轻编辑同志,从中取得经验,成为更加经验丰富的社会活动家;许多一开始就参加评选工作的语文教师,都锻炼成写作评文的能手,他们中许多已被评为华东六省一市各中学的高级教师,在语文教学中发挥更大的作用。但最重要的成果还应是参赛中学生的成长。我们面前这本反映他们成长的《十年佳作精选》,是他们思想闪发火花的结晶,锤炼语言文字的苦心,也是他们奉献给社会,奉献给广大读者的十分珍贵的礼物。

在限制中显本领[1]
——《高中生700字作文》序

《高中生700字作文》继《初中生600字作文》问世,对青少年学生来说,又是一桩喜事。它们是姐妹篇。妹妹在1991年脱颖而出,姐姐则锋芒显露于今日。这一双头角峥嵘、风姿绰约的姐妹花,在今天学生作文选园地中,显示出了特有的鲜明形象。

书稿送到面前,首先映入眼帘的是"700"字样。选文虽限700字左右,并不是说所供挑选的作文在其写作时就限定字数,学生下笔往往有话即长,无话即短。可是,对编选者而言,则有"700"字左右的限制。这"不限"与"限"的分晓:不限,学生写作时能尽情挥洒,写得出好文章;限,指编选者要在一定约束中裁定,这种量体裁衣也是一种艺术。

以往我曾为《初中生600字作文》写了前言,指出此书有助于青少年学生及早养成在规定的时间内写出精练而言之有物的文章的好习惯,《高中生700字作文》无疑也有这样的良好作用,只是从"600"字到"700"字,多少在一个角度上表明了学生从初中到高中,在写作熟练程度上有所提高。

问题还得回到"限"与"不限"的关系上。对写作而言,无论字数或时间,"不限",只是相对的,而归根结底则是有限制的。学生今天课堂

---

[1] 金志浩编《高中生700字作文》(学林出版社1992年版)。

作文即有限制,将来进入社会写各种文字更有限制。要求写作任务及时完成,而且要完成得很好,这就要求学生今日进行写作训练须在精练、熟练方面作不懈努力。具备写熟写精的基本功,再锲而不舍地努力锻炼和实践,有朝一日就会在"限制"中获得"自由"。歌德在十四行诗《自然和艺术》一诗中最后写道:

> 谁要成大事,就必须集中全力,
> 在限制中才显出大师的本领,
> 只有规律才能够给我们自由。

诗句所喻是大事,我们不妨借以喻小,对写作训练也是有极其深刻的指导意义的。

《我用拼音写日记》序[①]

一年级小学生写日记,并结集出版,确实是件新鲜的事。从这件事中至少可获得以下几点启示。

首先,思考问题不能满足于习惯的轨道,突破常规,有时会惊奇地发现一个新天地。小学生写话、写日记通常要从三年级开始,提早到入学不久的一年级行吗?由日抄几行拼音字母的触发,联想到引导孩子用拼音字母记录想的、说的。认识上的突破,引发出一篇篇充满童稚、童趣的日记。原本一年级小学生写的训练似乎无从着手,而今有了尝试的新天地。

其次,对孩子的智力及书面表达能力可进行早期综合性开发。每天要记日记,就要学会把每天做的事及遇到的事,或者在脑子里理一理,或在口头上理一理,这就在训练写的能力的同时,练思维,练说的能力。每天要记日记,对所碰到的事就会仔细些,精心一点,这样,观察力、注意力又得到了锻炼。智力得到的开发在许多篇日记里都有生动的反映。

再次,要充分相信孩子的潜力。七八岁的一年级小学生能够把自己的喜怒哀乐记得那么具体,那么逼真,是十分不易的。起初全使用拼音字母,随着识字量的增加,汉字与拼音字母并用,且日益增多。一天

[①] 阮项著《我用拼音写日记》(上海科学技术文献出版社 1993 年版)。

写几句话,一日不多,十日许多,一年坚持下来,锻炼意志,形成习惯,既开发了孩子学习的内在潜力,又给予他知识、能力新的积攒。一年级小学生学习的内在潜力不可低估。

阮项这本《我用拼音写日记》的出版,他的父母和老师是倾注心血的。但愿它成为低年级小学生的好伙伴,也成为研究小学生教育、研究子女教育的参考读物。

《深圳·珠海·澳门中学生作文选》序[①]

《深圳·珠海·澳门中学生作文选》有如南国吹来的清风,充盈着清新的气息。它精选了三地青少年学生的习作128篇,分编为"童年趣事""师生情谊""都市风采""农村见闻""山水秀姿""科学天地""校园生活""彩色世界""人物剪影""学生论坛""少年抒怀""濠江诗草"等栏目,丰富多彩,生意盎然,一定能获得广大青少年读者的喜爱。

中学生时代是人生最可宝贵的时代。青少年学生充满活力,意气风发,憧憬生活,渴求知识,正是身心长足发展的年华。在这闪光的年华里,长知识,长能力,长思想,而这一切常最为鲜明地在作文中反映出来。

青少年学生必须在中学阶段掌握写作的方法和技巧,把文章写得文从字顺,明白晓畅有条理,这样,日后思想飞跃发展时,文笔就能驾驭思想。文笔能表达思想,思想又能磨砺文笔,相得益彰,就能写出文情并茂的好作品。书中《唱给自己的歌——关于女性力量的断想》,曾获澳门第二届女作家诗歌小说比赛冠军。这首美丽的诗,歌颂了维纳斯、海伦、精卫、潘多拉、雅典娜等的伟大力量,还有"羲和一举生下十个太阳""拉敦娜在夜空挂起一轮明月""赫拉的乳汁竟能溅出满天星星",

---

[①] 深圳市中学语文教学研究会等编《深圳·珠海·澳门中学生作文选》(山西人民出版社1993年版)。

"在她的身体上人类站立起来"的女娲。诗思新颖飞腾,令我想起《红楼梦》中所说"凡山川日月之精秀,只钟于女儿",更令我联想到《浮士德》最后两句诗:"永恒的女性,指引我们上升。"

文章要言之有物。这"物"就是生活。来自生活的文章令人爱看,书中有许多这样的文章。《生活美感录》中有两则小品,写的是生活美。第一则写一个晚上作者初进滑冰场,连摔几跤,"一条红裙翩然而至",带领滑冰,滑了十多圈,多少能独行了,"她又飘然而去",通篇不着一个"美"字,而写的确是美。作者最后写道:"黑暗中,我只看见她明亮的双眸。"多美!《今年戒烟日》写戒烟日外婆来家做客买烟敬外婆的琐事。买烟本是寻常事,可戒烟日买烟却是新鲜事。东也买不成,西也买不成,作者一路去,一路想,越想越认识到抽烟的害处,最后决定不买了。夹叙夹议,曲曲折折,构思十分巧妙。写经济发展新貌的有好几篇。如《小巷》作者以亲身经历叙小巷16年来的变化发展,娓娓道来,令人信服。《乘车、逛商场想到的……》不仅描绘了大发展,更难能可贵的是想到了新问题。再如《我见到的一条街》貌似写"老",实是颂"新",颇为巧妙。这些文章,会使你深深感到改革开放后清新的空气扑面而来。

我曾经对一位有成就的作家说:"你的作品中有生活,人们爱看。"他回答说:"人们爱看我的书我高兴,但我更希望人们看了我的书更爱生活。"书中青少年学生的习作虽显得稚嫩,但勃勃有生机,它们会激发人们更热爱、更向往改革开放后多姿多彩的新生活。

《深圳·珠海·澳门中学生作文选》是三地师生合作的结晶,大家相互交流,共同提高,这一创举特别值得在此提一笔。

《中师生必读》序[①]

满怀喜悦读完了《中师生必读》书稿。这是一本许多有经验的教师用他们的心血凝成的书,是一本内容充实而又十分有用的书。它具有以下一些鲜明的特色。

首先,发扬了中师生的志气。一个有志气的人,常常会问自己:人生的价值究竟在哪里?是金钱吗?我以为不是。是地位名誉吗?也不是。人生的真正价值在于有高尚的思想情操,实实在在为人类做贡献。贡献有大有小,凡切实作出成绩的人,都能受到人们的尊敬。前几年,常有人问我得到哪些名师的传授,我首先想到的是幼年时启蒙我认识世界的可亲可敬的老师。那几年,我一连写了几篇短文记幼学趣事,对这些老师寄以深深的爱戴之情。后来,我把这些文章收在我的散文集《学海探珠》中,作为对他们最好的纪念。近几年,我从事师范教育工作,有机会到小学听课,方知此中别有天地。接触到一些小学生,他们话语中最有权威性的一句是:"这是老师说的。"在天真无邪、不带丝毫世俗偏见的孩子心目中,老师是至高无上的。我深信,他们中不少人长大以后,也一定像我一样刻骨铭心地怀念和尊敬他们幼年时候的老师。因此,我们完全有理由说:老师确实是太阳底下最光辉的职业。《中师生必读》摆事实、讲道理,开宗明义阐明了这个观点,大大发扬了中师生

---

① 步社民主编《中师生必读》(经济日报出版社1993年版)。

的志气。

其次,丰富多彩,全面周到。书的内容翔实,包括思想修养、课程学习、技能训练、课外阅读、教育实习、教育艺术等,内容丰富多彩。说到全面周到,单以"教育实习"而言,其中"实习准备"列10项,"教学艺术"列21项,"教育艺术"列7项,"实习回顾"列6项,可说是应有尽有。这些项目把"教育实习"全过程说得条理清楚,步骤分明,书的全面周到,由此可见一斑。

再次,具体明确,切实有用。书编写得有理论,有做法,最后落实到实用上。我们只需从许多小标题用了"怎样""为什么""如何""有哪些"等字眼,就能得知此中真实。仔细读这本书,就不难发现每一具体项目内都包含了老师的宝贵经验。内容实在,一看就懂,学了就用得上。

从以上三个鲜明的特色就可知道书名用"必读"是多么恰当。中师生阅读它,能为今天的学习和将来的工作打下坚实的基础。

最后顺便提一句,《中师生必读》是一本反映编写教师科研成果的书。我一向主张教师应结合教育、教学搞科学研究,经常写写文章,写写书。教育教学和科研双促进,相得益彰,有效地提高自己的教育质量和业务水平。如果今天的中师生早有这个认识,及早做有心人,将来工作时定能以科研促教学,以教学带科研,取得丰硕成果。

《在改革大潮中》序[①]

《在改革大潮中》是《青年报》主办的华东六省一市中学生作文比赛第12次比赛成果辑成的集子。从比赛创始至今，它已是第10个集子了。对于报社这种锲而不舍的精神，广大中学生能不为之感动？

有一种现象人们常常不经意，身边的事或一向参与的事往往习以为常，反而见而不深。比赛创办以来，我一直参与其间，尽过绵薄之力，分享过喜悦之情，但很长一段时间竟未能领会它十多年来所发生的深刻变化。这也许是"只缘身在此山中"的缘故吧。直到去年出版《十年佳作选》之前，要我写篇序，我仔细回忆，才领会到变化之巨大。且不说比赛的累累硕果，只就人事而言，参加比赛的学生不少已长大成人，最早主事的人有的已垂垂老矣，退了下来，而新一代主事人风华正茂，他们各领风骚，有如浩浩长江，一浪一浪推动事业飞速前进。

然而十多年来变化最巨大最深刻的，莫过于翻天覆地的改革开放。在这波澜壮阔的历史进程中，我们建设有中国特色的社会主义事业，在世界风云变幻情况下，经受住严峻考验，取得了举世瞩目的伟大成就。比赛主持人不失时机地为这届比赛定下了"在改革大潮中"这个主题。这是今天广大中学生能看得见、听得到、有所感受的主题。果真他们用饱蘸激情之笔，写下许多关于新人、新事、新思想和新风尚的好文章。

---

① 青年报社编《在改革大潮中》（上海青年报社1993年版）。

编选的这本书就是明证。

华东六省一市最能反映从沿海开放到全方位开放的生动丰富的伟大实践的地区,在这里形形色色的新鲜事物层出不穷。参赛的学生以青春的旋律伴随时代的鼓点,用眼观察,用耳倾听,用心感受,笔端流出一篇篇令人鼓舞而又发人深省的好文章。他们描绘祖国一日千里的变化,有的刻画经济建设、文化建设的方方面面。例如:教学改革、学生打工、教师炒股票、干部下海、廉政、快餐、订货会、打白条、取消票证等。他们把禁止打白条说成是"及时雨",把传媒事业的发展说成是"空中大战"。有的构思奇巧,写坚持原则的干部给往日的老师"送红包",打开看,原来是一张红纸,上写"恩师教诲,永铭在心,秉公办事,不染一尘"。有的思想敏锐,对奢侈浪费、贪赃枉法痛加鞭挞,并严正指出:"在改革的浪潮中,中华民族的优良传统教育和走向世界的伟大志向培养,实在应该成为改革的'中流砥柱'!"观点鲜明,认识深刻。

"书当快意读易尽",满怀喜悦一口气读完书稿,相信亲爱的读者一定会喜爱这本书。

《全国初中生作文大全》序[①]

《全国初中生作文大全》书稿送来,承蒙作者厚爱,要我写个序。拜读书稿之后,想顾名思义地说几句。

在初中学习阶段打下扎实的作文基本功十分重要。初中阶段即所谓学龄中期,相当于少年期;少年期是儿童期向青年期过渡的一个时期。与小学生比,初中生的抽象逻辑思维能力日益发展,并逐渐占主要地位,他们学习的内容丰富了,生活领域也扩大了。根据这些特点,教师要把握时机,使初中生切实打好作文基础。教师要善于引导学生观察生活,训练思想,培养写作能力,使他们能把自己所见所闻、所感所思如实地写出来。《全日制中学语文教学大纲(修订本)》中关于写作能力,提出了"能写简单的记叙文、说明文、议论文和一般的应用文,做到思想感情健康,内容具体,中心明确,条理清楚,语句通顺"的写作要求,初中生达到以上要求,就能很好地掌握作文基本功。教学上有这么一条规律:学生在一定学习阶段必须完成这一阶段的学习任务,未完成或完成不好,日后补救,往往事倍功半,并影响今后的学习。

就写作而言,学生从小练好基本功,一生受用不尽;未练好,日后很难把文章写好。如果学生在初中阶段写作上未达到应有的要求,文字不通顺,基础未打好,进入高中、大学,以至日后进入社会,生活经验大

---

① 刘桂松、申晓蔚编著《全国初中生作文大全》(上海人民出版社1993年版)。

大丰富,思想长足进步,这时,手中的笔就难以反映生活,驾驭思想,常感力不从心,捉襟见肘。如果初中阶段练就作文基本功,就会文促思、思促文,文与思相得益彰,文章越写越好。《全国初中生作文大全》正是针对初中生作文这一主题编成的书,其意义之重要,作用之大不言而喻。

内容丰富和知识完备是本书的又一特色。《庄子·田子方》讲到孔子问道于老聃后对弟子颜回说:"微夫子之发吾覆也,吾不知天地之大全也。"意思是说,要不是老聃启蒙,我就不会了解天地的全部奥妙了。"大全"在这里的意思就是十分全面,十分完备。后来往往把作者的全集称之"大全";以后更把一本相当完备的书也称之"大全",如早年的《作文法大全》《英文法大全》等书,全书往往只有几百页。以初中生作文论述而言,本书相当完备,称得上"大全"。本书内容丰富,可谓色色俱全。每一大项目下分若干小项;每项选有几篇文章,文前有写作原理和方法,文后有评述,故每项也可称"全"。因此,《全国初中生作文大全》是一本有实例、有原理、有方法的读物,定能受到广大师生的热烈欢迎。

书编得有体系,值得读;内容分门别类,丰富完备,可查用。可读可查,认真学习,灵活应用,必得益匪浅。

倾注真情咏浦东[①]
——《"浦东之春"中学生优秀作文选》序

以浦东新区为题材的首届"浦东之春"中学生作文竞赛在众多的作文竞赛中,应该说是创举,令人振奋,使人欢欣。

吸引浦东新区 10 万名中学生拿起笔描述和讴歌浦东之春,意义非凡。浦东这块多情的土地迎来了改革开放的春天,创业者以崇高的使命感和伟大的气魄,在屈指可数的时日里,建造了一项项令国人兴奋、令世界瞩目的工程。浦东建设的新思路、浦东建设的高速度、浦东人奋发拼搏的精神,浇铸着浦东日新月异的面貌。新区的中学生是时代的幸运儿,最先目睹新区的新人新事新气象,最早谛听到新区阔步前进的脚步声。要描述、讴歌浦东,就要以敏锐的目光观察今昔巨变,观察身边事物;就要用心去感受,感受开发、开放的巨大成绩,感受当代建设者的精神风貌;就要倾注真情,心向往之,参与投入。

风华正茂的中学生正当生命的春天,精力旺盛,憧憬未来。用多彩的笔谱写站在新的起跑线上的可爱的家乡,是向社会学习,向平凡而多才智的人学习,向高尚的思想情操学习。沐浴着浦东两个文明建设春风的青年学生,眼看,耳听,心想,手写,视野会开阔,胸怀会宽广,知识会增进,精神会富有。从这个意义上来说,举办"浦东之春"

[①] 卢方等主编《"浦东之春"中学生优秀作文选》(学林出版社 1994 年版)。

作文竞赛,是对未来建设者进行生动而深刻的爱国主义教育和社会主义教育。

  愿广大参赛者激情满怀,笔端流泻出一篇篇动人的佳作。

《美的世界》写在前面[1]

这里奉献给青少年读者的是一本关于欣赏美的书,书名《美的世界》。

"美",常被有的人说得虚无缥缈,不可捉摸,也被有的人说得玄之又玄,高深莫测。其实并非如此。美就在我们周围,就在我们心中,即使幼小的心灵也会萌发美的感受。稍一回忆,有些往事犹历历在目。

早年的教科书插图少,彩色的更是凤毛麟角。一次,我在新发的油光纸的小学语文课本里竟见到了一幅彩色的荷花插图,是配一首小诗的。画上清清的水,绿绿的叶,衬托着几朵出水的荷花。花是那么鲜红,色彩分明,真是美极了,美得教人陶醉。那种喜悦的心情好像是沙漠中见到了绿洲。

音乐欣赏的机会远没有今天多,但和今天比,毋宁说那时中小学的音乐教育更为认真。音乐课上唱歌可说是愉快无比。记得老师曾教我们唱一首叫《苏武牧羊》的歌。那歌的曲调谈不上有多少激情,调子温柔敦厚。然而就是这种温柔敦厚的曲调竟使我们这些学生激动不已。"苏武留胡节不辱,雪地又冰天,苦忍十九年。渴饮血,饥吞毡,牧羊北海边……"唱着唱着,热泪盈眶,激情满怀。我们受到的高尚的爱国主义和美的情操教育,深深地融在了血液里。

---

[1] 于漪主编《美的世界》(未来出版社1994年版)。

当然,还可以举出一些。由此可见,正如法国艺术大师罗丹所说:"美是到处都有的。对于我们的眼睛不是缺少美,而是缺少发现。"这本书就是为了引导青少年在生活中能发现美、欣赏美而编写的。

它具有知识性。书的内容涉及自然美、社会美、艺术美、道德情操美等。选文是古今中外有关的佳文美什,按比例说,今多于古,中多于外,既利于读者开阔眼界,又切合我国青少年的阅读实际。它注意到在各个不同领域提供欣赏美的有关知识。

它富于趣味性。兴趣是学习的先导,兴之所至,一往情深,知识殿堂为之而开。因此,许多通俗读物,特别是通俗小说,很注意以其趣味吸引读者。但其中有些诲淫诲盗的书,是以低级趣味来吸引青少年,腐蚀心灵,乃至引入歧途。这本书截然不同,奉献给青少年的是"新鲜的营养,新的血液"(歌德诗句),贯串其中的是健康的审美情趣。阅读它,有如徜徉于山水之间,时而"千岩竞秀",时而"万壑争流",遨游于美的世界之中。

诗人冯至在他著名的《十四行集》里有这样几行诗:

> 我们的生命像那窗外的原野,
> 我们在朦胧的原野上认出来,
> 一棵树、一闪湖光、它一望无际
> 藏着忘却的过去、隐约的将来。

生命是美丽的,我们要在这"美的世界"里不断努力去发现它。

往深处开掘[①]
——《第二届"浦东之春"中学生优秀作文选》序

十分荣幸,又一次被邀参加"浦东之春"作文竞赛的评判。徜徉于一篇篇参赛作文的花径之中,不仅深感浦东"物"的变化的美景使人目不暇接,而且令人惊喜地发现孩子们又长大了,不少支笔深入"人"的内心世界,叙说、描绘与讴歌在浦东这块改革开放的沃土上滋生的新观念、新思想。

创业维艰,而艰难中最艰难的是人的素质的提高,人的观念的更新,人的知识的拓展。中学生在目睹浦东壮丽建设图景的同时,开始感受到人与时代同步前进的脉搏,在"人"上做文章。

文章能不能站立起来,在很大程度上取决于写的人有没有真切感受,有没有见地。高楼林立,道路拓宽,大桥跨越,电视塔高耸入云,这是建设的壮举,有真切的感受,就能笔下生风。"物"令人瞩目惊叹,而更可贵的是"人",是建设者的观念、精神、气质、风貌。这就要求写的人往深处开掘,有所感,有所思,有所悟。

要往深处开掘,须变粗疏为精细,使事物的微妙变化尽收眼底,大大咧咧看,充其量只能停留在事物现象的描绘;须变浅想为深思,使描绘对象的本质特征能准确掌握,感悟到同龄人少想少见或未想未见的,

---

[①] 卢方等主编《第二届"浦东之春"中学生优秀作文选》(学林出版社1995年版)。

对要写的人和事粗浅地脑子里转一转,是不可能有什么见地的。参赛的作文在这方面已经有所突破,尤其是写人的文章,即使是很小的题材,也与浦东建设的时代大脉搏呼吸与共,不牵强,不硬装。这种有益的尝试,为下一届"浦东之春"作文竞赛燃起了新的希望,开拓了更加广阔的天地。

《语文教学的人文思考与实践》序[①]

认识红兵同志之前,已耳闻这位青年教师是同龄人中的佼佼者,后来又先后读到他在语文杂志上发表的几篇文章,深感锐气逼人。也许是出于一名老教师对语文教育事业的至诚至爱,看到新竹展枝,生机勃发,喜悦之情充盈胸际,深切感到中学语文教育充满希望之光。

积数十年的语文教学实践,对其中诸多问题上升到理论上认识、阐发,写下了《语文教学的人文思考与实践》。红兵同志嘱我写序,我有幸先读。我这个人爱比较、对照。面对一篇篇言之成理、持之有故的文章,自愧不如。回忆三十几岁,自己教语文还未入门,许多问题近乎盲从,别说作较深层次的剖析,就是浅层次的思考也不多。虽然与所处的时代背景有关,但主要还在于自己的浅薄。一名语文教师应该教学实践与教学研究两手抓,相互促进,以求洞悉语文教学规律,全面提高语文教学质量。对这一点,当时想得极少。重教学实践,理论研究未放到应有的位置上,是我们这一代教师的很大的缺陷。吸取以往的教训,有志气有抱负的青年教师实践与研究同步,向学者型的教师努力,是时代的需要,也是教师队伍建设的一大进步。

书稿虽只是粗粗翻阅,但已在脑中留下痕迹,简言之,有以下几点。

首先是敢于探索真理的气势。语文教学中老大难问题不少,效率

[①] 程红兵著《语文教学的人文思考与实践》(中国铁道出版社1996年版)。

不高,"少、慢、差、费"的阴魂困扰着广大师生。如何走出困境,众多有志者苦苦探索,从教材编写、教学内容改革到教学方法创新、测评体系的变更,活跃了研究空气,开阔了教师的视野。既然是探索,必然有成功,有失败,有比较科学的,有不够科学的,甚或是谬误的。在探索过程中,正确往往与不成熟、不完善乃至错误结伴而行,利弊得失、正面效应与负面效应并存。要剖析,要分离,要取精华,就事论事难辨是非,拎到理论的高度考察,揭示事物的本质及规律,就能心明眼亮,给人以豁然开朗的感觉。本书面对全国语文教改的形势,综合教改中的种种做法,力求站在时代的高度,在社会大背景、教育大背景下进行理论上的阐述,不仅敢字当头,气势激励人,而且不少地方有真知灼见,能给人以启迪。

其次是刻苦学习、勤于积累的精神。教语文最忌囿于教课、改作业的窄小圈子里,不知外面大世界。登高才能望远,居高才能临下。要对语文教学中种种难题有清醒的认识,能作鞭辟入里的分析,须在宏观上把握,微观上勘察。要在这方面有进展,就须源头活水长流。厚积而薄发,说理就能说到点子上,剖析就能析到要害处;如果是薄积而厚发,语言就往往会横流,令人捧腹或愕然。年轻人尤其要学习,不仅读语文专业书,而且读国内外教育著作、心理学著作以及与语文有关的学科著作,腹笥充实,论述道理就板眼分明,减少主观臆断。从书稿的字里行间看,作者是向这方面努力的。

再次是勇于实践,做教文育人的有心人。语文教学既是科学,又是艺术,要对其中的许多问题认识得清晰无误,须倾注心血于教学实践,在教学实践中甘苦备尝。教学不能拘泥于一种模式,应悉心研究教学大纲,研究教材,更要研究学生,做到因文而异、因人而异,创造多姿多彩的方法,求得最佳的教学效果。一个模式,一刀切,批量生产,不可能培养出思维活跃、个性发展、语文能力很强的学生。教法须讲究,教学内容更要实实在在,这样,学生才真正受益。教育对象是活泼泼的生命体,在训练学生语文能力的同时,须紧扣语文自身的特点,对学生的人格进行塑造。书稿中的课堂实录、人格篇中的文章均作了不同程度、不同角度的反映。

祝贺红兵同志语文教学的第一部著作问世。祝愿他在今后语文教学的征程中步履更为坚实,视野更为开阔,善于博采众长,精于继承创新,在理论与实践结合的高度对语文教育事业做贡献。

《初中语文学习导引》前言[①]

阅读能力是十分重要的一种语文能力,阅读能力强,对文章、书籍的理解就正确、深刻,知识就会如甘甜的清泉汩汩流入心田,使人心灵丰富,视野开阔,成为有文化教养的人。

学好语文课文是提高阅读能力的门径。《初中语文学习导引》就是辅导初中学生学习语文课本中基本课文的助手。多位有经验的语文教师把这些课文的重点、难点解剖成若干互相联系而又富于启发性的问题,引导大家积极思维,认真训练,指点学习方法,培养自学语文的能力。

"学前絮语"简介课文撰写的来龙去脉,有关的时代背景和作者的情况,为学习该篇课文提供一些资料,学习时可增添兴趣,心中有底。

"理解探讨"是本书的核心部分。从字词辨析、难句诠释,到课文中重点、难点的剖析,到阅读思路的指点,写作技巧的探讨。讨论的问题不是面面俱到,而是注意选择角度,启发思考。探讨问题时既简要地介绍知识,更着重知识的应用,引导小读者想想练练,自我测试,帮助提高能力。

"扩展延伸"目的在于开阔视野,增长见识,并把从"理解探讨"部分初步掌握的语文基础知识和阅读技能,迁移到新的阅读材料的学习之

[①] 于漪主编《初中语文学习导引》(山东教育出版社1996年版)。

中。如果说"理解探讨"部分问题的设计、解答是扶着走的话,"扩展延伸"部分要求独立阅读的分量更重一些。走走放放,放放走走,阅读理解能力、阅读分析能力就会一步一个脚印地提高。

"学习目标"是上述三个部分内容安排的标尺。设计的思考与练习,讲述的基本知识,乃至扩展阅读的材料都是紧紧扣住学习目标进行的。

学懂、学好课文,既非轻而易举,又不是高不可攀,只要爱学、会学,不论思想内容,还是语言技巧,都能受到深刻的教益。这本《导引》帮助你学懂、学好课文。希望初中生读者能喜欢它,让它当你们的伙伴,帮助你们在语文学习中迈步前进。

这套书共三册,每个年级一册,本册为第二册,供初中二年级用。

《语文教育论文选》前言[①]

认识甘其勋同志是先读其文,后见其人。十多年来,其勋同志在国内语文报刊、教育期刊上发表的文章常闪烁着真知灼见,给人启迪。文章有锐气,观点不含糊;阐述问题总是持之有故,言之成理,透出几分书卷气,这是我阅读文章的最初印象。后来在一次研讨高中语文教学大纲的会上,听其勋同志对语文教学发表高见,结识了他。文如其人,言如其人,谦虚敦厚,朴实无华。

真正对他有所认识,是拜读了他的语文教育论文选。由于其勋同志的厚爱,使我有机会先睹书稿。一篇篇论文展现眼前,仿佛一位执着追求的语文教育工作者在倾心诉说,为学为师为人融合在理论结合实际的高度,令人钦佩。这些论文和随笔是:

一、敬业精神的结晶

忠于职守,兢兢业业,无论从事什么工作,具有这种精神的人是值得赞颂的。敬业,才会全身心地投入,认识,感受,体会,潜思,才不会停留在围城的局面,才可能深入事物的内部,识得底里,识得神气。其勋同志无论是担任第一线的教师,还是担任省教研室的教研员,都是恪尽职守,倾注心血,不用说活生生的教学教研实绩,许多发表的文章就是敬业精神的明证。如《农村中语教学改革我见》,从农村中学从事语文

[①] 甘其勋著《语文教育论文选》(河南大学出版社1997年版)。

教学实践的实际出发,学习和理解邓小平同志"教育要面向现代化、面向世界、面向未来"指示的精神,指导自己的教学改革,扎实可行。教学改革需要主客观条件,与城市中学比较,农村中学的客观条件往往比城市逊色,但执教老师的主观能动性充分发挥,常会出现异乎寻常的成果。文章中阐述的诸多教学方法不仅是经验的总结,而且启示年轻同志:只要钟情于语文教育事业,处处皆可山花烂漫。如果说教学第一线的教师直接面对学生,工作上难以有弹性的话,教研员工作弹性就大得多。如何抓点带面,如何推进面上工作的进展,具有高度责任感的同志就会充分把握工作中的弹性,往广度拓展,往深处开掘,使教学研究闪发光彩,推进语文教改的发展。如《吹尽狂沙始得金》就是在掌握第一线语文教学种种情况的基础上,根据省教学的实际,就十个方面发表看法、质地十分厚实的文章。如果平时不做调查研究,不掌握大量的第一手材料,不反复思考,提炼观点,要写出如此有价值的文章是不可能的。

二、广泛学习的硕果

语文学科综合性强。知识传授,能力培养,智力发展,思想情操陶冶,所涉及的方面很多,就学科内部的复杂关系,就学科与相关学科的种种关系,可研究的课题很多。要全面提高语文教育质量,要教到每一名学生身上,只涉猎一方面或几方面不易奏效。因而,从宏观上把握,在微观上钻研、联系、比较、渗透、互补,由表及里地探索,才能取得丰硕的成果。

其勋同志的语文教育论文涉及语文的方方面面。理论探讨、教法学法研究、教材建设、教师队伍建设、教学评价,每个方面都有具体、实在的研究,都有能开阔视野、拓宽思路的文章。这些文章的形成都源于勤学不倦。就以《一个有待认真开发的领域——语文课审美教育述评》而言,其勋同志研读文章百余篇,浏览专著六七部,摘抄卡片数十张。写一篇 4 000 多字的文章,奉献出如此大量的辛苦,不是一片赤诚对师生,怎能做到?

　　要真正做到诲人不倦,诲人有实效,教育者必须首先是学而不厌。学习十分艰苦,尤其对成年人来说,简直是一条光荣的荆棘路,要有毅力,要有恒心,要有过人的勇气。在这一点上,其勋同志十分难能可贵。他不断努力地给自己"充电"。为了有新鲜的思想、新颖的做法在语文园地增添活跃的气氛,给教师、学生新的思考,他在工作之余数年如一日苦读,从古今中外教育史、教育学、心理学到教学论、课程论,从思维科学、行为科学到阅读学、学习学,从系统论、信息论到教学模式、教育评价,广泛学习,取其精要指导教学。语文教师、语文教育工作者应有相当程度的职业敏感,跟随着时代奋勇前进。敏感从何而来?源于学习,源于见多识广。学习有根底,看问题就能居高临下,就不会轻易进入误区,不会宣传谬误,混淆视听。学,当然不是贴标签,功夫在"化"。广泛学习,厚积而薄发,阐述问题就能鞭辟入里,启迪读者。其勋同志从20世纪80年代的《"比较教学"初试》到《"求同""求异"随感》到90年代的《阅读学与中学阅读教学》,留下了跟随时代前进的脚印。

　　再次感谢其勋同志给我学习的良机,预祝他继续攀登,精心研究,为语文教育事业做出更多贡献。

《语文素质教育新探》序[①]

《语文素质教育新探》中学卷、小学卷即将出版问世,我作为第一名读者,有幸先读到书稿,甚感快慰。由于撰稿者都是来自中小学语文教学第一线的教师、教研员及教学行政领导,同行甘苦与共,心灵沟通,因而倍感亲切。

中小学教育是为提高民族素质和创新能力奠基的教育,由"应试教育"转向全面提高国民素质的轨道,既是中小学教育一项战略任务,也是中小学教育的一场变革。这场变革涉及教育思想、教育政策、教育制度、教育内容、教育方式和教育管理等各个层面,这场变革必然引发我国中小学教育发生深刻的变化。语文学科是中小学教育中的主要学科,进行变革势在必行,理所当然。许多有识之士从理论和实践结合的高度积极探索,不断进取,以求取得成效。

改革教学观念是语文教学实施素质教育的关键。本书开宗明义对这个问题展开探讨。传统教育以教学内容的稳定性和单一性为基本出发点,以知识的记忆和复现为基本目标。它的教学模式往往是教师讲,学生听,学生的学习方法往往是以模仿、操练和背诵为主要特征。在这样的教学过程中,教师多半只对教材和教案负责,而学生往往只满足于完成考卷和获得标准答案。这样的教学,教师的才干,学生的灵气大大

[①] 陈学法主编《语文素质教育新探》(大连出版社 1999 年版)。

受压抑,得不到充分的发挥,创新精神、创新能力的培养更是无从谈起。现代教育强调的是发现知识的过程,而不是简单地获得结果,强调的是创造性解决问题的方法和形成探究的精神。在教学中,学生是主动的求知者,不再是被动地被灌输知识的容器。"教学观念"栏内的文章对学生在学习中的地位进行了较为深入的阐述,能给读者有益的启迪。

书中汇集的论文林林总总,覆盖面很广,从阅读教学到作文教学,从教法到学法,从智力因素到非智力因素,从课内到课外,从教材编选到测试考评,从教学心理到教师自身素质的提高。这些文章都是教学实践的结晶,其中不乏真知灼见。眼下流行一种说法,认为中小学教师充其量不过能写几篇教学经验总结,至于理论,别说登堂入室了,就是探讨的边似乎也很难沾上。这种说法值得商榷。它的"好处"在于能激励教学第一线的教师、教研员认真攻读理论,但实践者并不是一定没有理论素养。实践出真知,在大量的教学实践中只要做有心人,必会积累这样那样的教学经验,由现象探究本质,由感性上升到理性,不断地去伪存真,去粗取精,认识语文教学的规律。这样的论文有时虽然只是从一个角度一个方面展开,但由于植根于实践这肥沃的土壤,因而有血有肉,易于理解,便于借鉴。众所周知的教育家赞可夫、苏霍姆林斯基的教育理论就是植根于中小学教育实践的。高深的、见解精辟的、能揭示教育本质、揭示语文教学规律的论文,确实能振聋发聩,使人茅塞顿开,但那种搬许多外国词句,再加上一些量化的数据,缺乏中国特色气息的论文,许多教育工作者也是不敢苟同,因而,也就行之不远,缺乏生命力。

教学第一线教师、教研员、教学行政领导勇于实践、大胆探讨的精神十分可贵,值得赞扬。更为难得的是在工作非常繁忙的情况下,认真总结,整理材料,梳理思路,形成文字,与同行交流。如果没有对语文教学兢兢业业、执着追求的精神是难以做到的。就这一点来说,应该向1 500余份参评论文的撰写者致以敬意。书中选辑的只是其中的一部分,但窥一斑可知全豹。希望该书在语文同行中获得知音。

阅读与素质教育[①]
——《初中生阅读辞海》序

《初中生阅读辞海》的问世正值我国全面推进素质教育的时期,是一件十分有意义的好事。实施素质教育的根本宗旨在于提高国民素质,培养21世纪需要的创新人才。初中学生正处于长身体、长知识、长觉悟的阶段,施以良好的素质教育,他们就能健康地成长、成人,最终成为国家有用之材。

对学生实施素质教育,德智体美,内容极其丰富,而阅读教育是其中不可缺少的重要一块。哲学家贺麟讲得好,人是能读书著书的动物,禽兽不能,故读书是划分人与禽兽的界限,也是划分文明人与野蛮人的界限。读现代的书就是和同时代的人沟通思想,交流看法;读古人的书就能了解人类创造的文明,择其精要继承发展。读书是人类特有的神圣权利。

读万卷书,行万里路,既是提高语文能力的必由之路,也是做一名视野开阔、心灵丰富、志趣高尚的人的重要途径。行万里路是直接接触自然,接触社会,从生活中增长见识,吸取养料,但人不可能事事直接经验,尤其在青少年求学时代,因而,读书就显得尤为重要。用俄罗斯小说家邦达列夫的话来说:"一个人打开一本书,就是在仔细观察第二生

[①] 刘桂松主编《初中生阅读辞海》(上海人民出版社1999年版)。

活,就像在镜子深处,寻找着自己的主角,寻找着自己思想的答案,不由自主地把别人的命运、别人的勇敢精神与自己个人的性格特点相比较,感到遗憾、怀疑、懊恼,他会笑、会哭、会同情和参与——这里就开始了书的影响。所有这些,按照托尔斯泰的说法就是'感情的传染'。"书对人的影响力,对人的熏陶感染的能力是何等的大啊!古今中外的书籍浩瀚如大海,人的第二生活的内容真是丰富多彩,美不胜收。选择其中精品佳作阅读,可以开阔视野,增长知识,陶冶性情。阅读好书是和人类的智者、人类的智慧交朋友,它指导你认识世界、思考人生,教育你长志气、长学问、长教养,使你品尝人生的乐趣,获得求知的欢乐。要做一名思想道德素质和科学文化素质良好的 21 世纪的建设者,必须牢牢把握第二生活,认真读书,充实自己。

怎样阅读才能取得好效果?其中大有文章。读得不得法,犹如水经蒸馏,淡而无味;更有甚者,食而不化,做书的奴隶,进去了却出不来。《初中生阅读辞海》为你指点迷津。告诉你阅读要义,提示你阅读方法,帮助你阅读理解,引导你阅读欣赏。通本浏览,可粗知阅读概要,脑子里有个框架;对某个方面须具体探讨,可查阅有关条目,从中得到启示。它能起帮助你提高阅读能力、阅读效果的作用。

当然,阅读要取得成效,还要有孜孜不倦、持之以恒的精神。读书好比登山,没有勇气,没有坚韧不拔的精神,不可能登上山之巅,一览无限风光。读书好比开掘矿藏,开采,挖掘,毫不懈怠,会发现真金,发现奇迹,会有所创造。希望小读者以这本工具书为伴,选择好书,品味鉴赏,吮吸各种珍贵的精神财富,塑造自己优美的心灵。

《语文课堂立体教学模式》序[①]

孙春成老师的新作《语文课堂立体教学模式》即将付印出版,来函嘱我为之作序。鉴于孙老师数十年辛勤耕作在语文这片沃土上,兢兢业业,积极进取,令人尊敬,故而不揣浅薄,欣然应允。

如何上好语文课,如何师生主动性积极性双调动、双发挥,如何营造课堂上语文学习的磁场,充分展现语言文字的表现力、生命力,让学生深受其益,许多教学第一线的教师悉心研究,不懈追求,希冀语文教学的理想境界得以实现。其中有些人不畏艰难,奋然前行,探求语文教学真经,积累了丰富的经验,孙老师就是此行列里的性情中人。

阅读书稿,我常为其中蕴含的探索精神所感动,择其要而言。

35年如一日,研究语文课堂教学如何立体起来,使学生的兴趣、思维获得更好的发展。他认为:"'立体教学'就是指教师运用教学艺术,营造开放性的课堂教学环境,激励学生乐学;在开放性的课堂教学环境中,师生相互质疑,通过多角度、多侧面的立体探究,促进学生思维,不断产生共鸣,从而发展学生智力,培养学生的创新精神和创新能力的教学活动。"这里有两个要素给人启迪:一是营造乐学的环境,二是多角度、多侧面的立体探究。

语言文字本就具有巨大的魅力,它蕴含着人类独有的情和意,蕴含

[①] 孙春成著《语文课堂立体教学模式》(广西教育出版社 2001 年版)。

着浓郁的民族情结。教授、诗人郑敏说得好:每一个汉字都是一张充满了感情的向人们诉说生活的脸。按常理说,学生学语文应兴趣盎然,心灵感应,为何其中不少人兴味索然,甚至十分厌倦?须研究,须破解,须寻觅良策,改进现状。

语文课堂教学中多线性思维,平面展开,有的甚至是单打一,纯粹为应考而进行支离破碎的机械操练,语文丰富的吸引力荡然无存。为此,孙老师悉心探究,如何使教学多角度多侧面展开,以促进学生思维处于兴奋状态。众多教学经验证明,课由平面而立体,知识覆盖面就广,能力训练的角度就多,思想情操相应也受到熏陶,学生可多方面获得培养。这样,课的容量比较丰厚,教学效率也随之大大提高。

为了建立"立体教学"这样的课型,孙老师从两个方面寻找支撑:一是理论,二是实践。为了探索这种艺术与科学的完美统一的课型,沉下心来,认真地学习、阅读、思考,学习教育学、心理学、信息论、系统论,研究语言艺术、造型艺术、表演艺术,教学中选择与语文教学紧密相关的灵活运用,激发学生学习兴趣,吸引学生注意力,给学生以感染。感觉得来总觉浅,须分析、比较、判断、推理,上升到理性思考,才能接触到文本的核心价值所在,学生真正体悟到语言文字的表情达意功能,受深邃的思想、高尚的情操熏陶感染。为此,要研究撬动学生思维的问题,语言是思维的直接现实,抓语言推敲,促思维发展;要研究师生互动交流、生生互动交流的机制,质疑、问答、讨论、碰撞,思维活跃,各抒己见,语言获得锻炼,智力获得发展,师生积极性得到双发挥。

为了验证认识的正确性,孙老师进行了大量的教学实践。无论在教学第一线当教师,还是在第一线当教研员,他都上课。这其实很了不起,脱离课堂,只动动嘴,时间一长,话就很难说到点子上。对这一点,我深有体会。退休以后不上课了,生命似乎已萎缩了一半。上课,每天都有新情况发生,都会冒出新思考新认识,生命活水流淌。有人怕上课，不爱上课，最好脱离课堂第一线，那是由于未沉浸其中，未体味到辛苦中蕴含的成长与甘甜。孙老师上课是有备而来，希望在各类文体教学中实现课型的转换，验证"立体教学"的科学性、可行性，查找不足，积累经验，使之不断完善。而且，这种实践并不局限在某个学年段，而是涵盖整个中小学，前后比较，上下衔接，有助于对课型的创立与改进，使课型研究一直在路上，保持了发展的内在动力。

语文教学改革切入点很多，课堂教学中课型的改进是值得深入探讨并切实落地的要点之一，它需要厚实的理论指导与丰富的实践经验验证，孙老师的新作是此项研究的阶段性成果，祝愿能在改进教学中发挥积极作用，并获得语文同行的不吝指教。

《于漪文集》自序[①]

做了一辈子教师,一辈子学做教师。

怎样的人可以做教师?韩婴《韩诗外传》中说:"智如泉涌,行可以为表仪者,人师也。"怎样的教师对学生有感染力、辐射力,教育效果良好?俄罗斯教育家乌申斯基强调:"在教育工作中,一切都应以教师的人格为依据。因为教育的力量只能从人格的活的源泉中产生出来,任何规章制度,任何人为的机关,无论设想得如何巧妙都不能代替教育事业中教师人格的作用。"显然,教师的人格力量是良好教育效果的重要保证。

教师的人格力量来自学术水平、教学能力与道德情操的完美统一。为了做一名合格的教师,做一名合格的语文教师,对学生今日的成长与明日的发展起积极作用,我孜孜矻矻数十载,不敢有丝毫的懈怠。道路艰辛,欢乐洋溢,意义非凡。

寻 寻 觅 觅

我不是学中文的,非科班出身,教语文功底不够,困难不少。当时我有个奢望,就是能听教研组长一节课。这位老师功底厚实,书法、绘画都行,说话要言不烦,大家都有点畏惧他。20 世纪 50 年代,要听人家

[①] 于漪著《于漪文集》(山东教育出版社 2001 年版)。

课,很不容易,不得到授课人的允许,不能贸贸然进别人的课堂。为了在语文教研组有立足之地,听老组长一节课,清晨我就到学校,打扫办公室的卫生,扫地、擦桌子、拖地板、倒痰盂,做一名青年教师应做的为大家服务的事。一个春秋又一个春秋,奢望不过是梦想而已,终究没有变成现实。

倒是我一教课,老组长就来听我的课,心里真有点胆怯。我清晰地记得教的是高中二年级的课文《普通劳动者》。预备铃响了,他踱方步似地走进教室,在后排一个空位置上坐下,一脸严肃。课前我不知道,少不得条件反射似的紧张起来,然后,自我控制,才慢慢放松。下课了,我如释重负,长长叹了一口气。课后,他找我谈,说了语言、板书、条理等几个优点外,还郑重其事地说了一句:"语文教学的大门在哪儿你还不知道,人物形象分析是这样贴标签的吗?"如五雷轰顶,我一下子就蒙了。定了定神,我向他请教该怎么教,他金口难开,又不吭声了。自那以后,再没有对我说过一句如何教语文的话。

语文教学的大门究竟在哪儿?即使路漫漫其修远,我也要寻找,不仅要找到门,而且要登堂入室,深味其中的奥妙。老组长这句"金石之言"成为我在教学生涯中不懈追求的动力,我常常反躬自省:"你入门了没有?'堂'在哪儿,'室'在哪儿,你清楚了多少?一名对学科教学不入门不辨堂室的教师怎能称职,怎能对得起学生?"外力在教育历程中化为内驱力,夙兴夜寐一灯明,寻寻觅觅。

忆往昔,自己在中学求学时,老师是怎样教语文的,哪些课很感人,经久不忘,历历在目。声情并茂的朗读、讲解,旁征博引的议论、评析,眼神、手势、神往的表情,一幕幕在脑海中浮现,我常顿然有所悟:这就是语文!

到传统语文教育论述中寻觅。张志公先生的《传统语文教育初探》专著,朱自清、叶圣陶、吕叔湘三位先生对语文教学的众多论述,从识字教育到工具书的使用,从阅读教学到作文训练,我认真阅读,逐一推敲,从中寻觅有效的门径。

从比较中寻觅可资借鉴的做法。许多国家都有自己的母语教育,怎样通过母语教育哺育后代成长,必有自己的丰富的经验。可惜当时封闭,能看到的资料凤毛麟角,只得从外语教学中体悟一二。选文进行比较,语法进行比较,读写训练进行比较,利弊得失,朦朦胧胧有了一些自己的看法。

探究教学原则、教学方法,读教育学、心理学。尽管这些学术著作做大学生时也读过,但那时不懂得联系实际,自己也无多少实际可供联系,"空对空",学得浮光掠影。带着问题学,效果大不一样。为什么要制订这些教学原则,为什么教学可采用这样或那样的方法等,不仅要知其然,而且要知其所以然。教材要研究,学生更要研究。

学习报章杂志上有关教学的鲜活经验。那时杂志少,文章少,只要看到,就如饥似渴地读、想。不仅语文方面的,其他学科的也同样兴味盎然。他山之石,可以攻玉,采取拿来主义的态度,以弥补自己的贫乏。

步 履 维 艰

寻觅语文教学大门的步子已经跨了出去,要走下去,绝非轻而易举,其中的艰难曲折一言难尽。

首先是教与学的矛盾。要在讲台上站下来,对学生真有帮助,自己就得有厚实的语文功底和较强的教学能力。如果一问三不知,蒙学生,别说有损教师的形象,起码愧对自己的良心。于是,我下决心在两个方面狠下功夫。一是扎扎实实打业务底子,从汉语拼音、语法、修辞入手,到文史哲广为涉猎;以中外文学史为经线,选读各个时期有代表性的有影响的作品,力求早日摆脱知之甚少甚浅的窘境,告别孤陋寡闻,迈向知之较多较广较深的目标。二是潜心钻研教材,取得使用教材带领学生学好语文的主动权。查检资料,独立分析,从语言文字到思想内容,从思想内容到语言文字,一篇篇课文反复推敲、研究,把文章的脉络、篇章的构成、语言的运用、作者的思路等,弄得一清如水,力求使教材如出自己之口,如出自己之心。钻研一篇教材,有时要花十小时、二十小时,甚至三十小时。那时没有什么可供抄袭的现成的教学参考书,这就促使自己非认真读书、非刻苦钻研不可。三篇、五篇、八篇、十篇、上百篇独立钻研,开始尝到了庖丁解牛的滋味。为了教,为了对得起学生,我只有逼自己学,边学边教,边教边学。时间对每个人来说是公平的,每天24小时,可这点时间怎么够用呢?教学任务重,不可能有大块时间听自己摆布,只有"挤",除了起早、摸黑、熬夜之外,就是把边边角角的时间都用上。我不串门,不聊天,衣食住极简单,挤出时间学。看电影、看戏,水平不高的,决不去浪费时间,消磨精力。靠的是锲而不舍逐步解决教与学的矛盾。

其次是学科任教与担任班主任的矛盾。在中学做班主任,有许多杂事缠身,计划之中的,意料之外的,用四个字来形容,那就是"没完没了"。按道理说,学生在成长过程中有这样那样的情况,班级要形成集体,树立良好的风气,确实需要班主任花气力引导、教育。要认真做,力求做得有成效,须占用相当的时间与精力,这就与学科教学发生矛盾。要洞悉中学语文的底里,提高学生语文总体素质,非有水磨的功夫不可。在施教过程中,二者似乎总在抢时间,总摆不平。实践多了,才真正悟到学科教学要出质量,十分重要的是目中有学生,对学生进行深入研究。学生世界色彩斑斓,一个人简直就是一件艺术品,各不相同。有的外向,有的内向,有的爽朗,有的含蓄,有的聪慧,有的内秀,进入他们的世界,和他们交朋友,和他们成为莫逆之交,你会了解到他们内心隐秘的一角,学习上的、生活上的、娱乐上的、家庭的、社会的、亲友的种种烦恼,有趣的大事小事,他们会向你倾心吐露,师生心心相印。此时此刻,我才真正体会到不做班主任,就不能真正品尝到、咀嚼到教师的滋味。做班主任,是在培育学生成长的第一线;教学,也是在培育学生成长的第一线。育人是大目标,教语文也就是为实现这个大目标服务的。教文育人,淡化育人大目标,学科教学充其量只是匠人的操作而已。正因为对学生知之深,彼此之间情意浓,共同语言多,教学时往往得心应手,师生亲密无间。班主任做得好,学生与你知心,大大有助于教学质量的提高;教学有质量,学生信服你,同样大大有利于做好班主任的工作。二者既相互渗透,又互相促进。如果把它们看成两码事,当作"两块皮",那当然是矛盾重重了。

吃尽千辛万苦,好不容易找到了语文教学的门径,怎么也没想到一场急风暴雨般的灾难突然降临。于是,一盆盆脏水劈头盖脸泼来,什么"修正主义教育路线黑标兵,吹鼓手",什么"反动学术权威",什么"知识越多越反动,腐蚀学生"。我惊愕了,茫然不知所措。接着,我冷静下来思考,认真反思自己教学生的动机与效果,我深感自己水平不高,教得还不够。一个国家,如果文盲半文盲充斥,人的素质不行,怎么可能建设好?中学生是学习的黄金时期,耽误了就无法弥补。想到这些,心里十分坦然,教师就是要教好学生,没错!于是,在非常艰难的条件下,振作精神,继续苦干。比如6点早锻炼,5点50分我就站在操场上等学生,腹部开刀不久,跑不动,就走走跑跑,带领学生锻炼;比如周六下午为班级同学补文化,个别指导随时进行。有好心的同志问我:"你还没被斗够吗?"我只能付之一笑,说什么呢?学生青春宝贵,耽误不起啊。认真教学是我的本分,培育学生健康成长是我作为教师的义务与责任,我十年如一日执着追求,默默耕耘。

"十年动乱"终于结束,粉碎"四人帮",我们迎来了第二次解放,我与千千万万教师一样,心情的愉悦难以言表。邓小平同志"面向现代化,面向世界,面向未来"的教导,恢复高考的指示,简直使教育扭转了乾坤。为了提高语文教学质量,中学语文教改风起云涌,如火如荼,我也投身其中,借鉴别人经验,吮吸精神养料,改革不符合时代要求、不符合语文规律的认识与做法。要迈开改革的步伐也是十分不易的。首先要战胜自己,审视自己的教育观念、教学方法,辨别正误,辨别新旧。是否以教育方针为准绳,遵循语文固有的规律把握语文教学,是否尊重学生学习的自主权、积极性。好的、对的要坚持,陈旧的、片面的要扬弃。其次是来自外部的种种信息与做法,有时简直是新旧不分,真伪难辨,甚至出现错把腐朽当神奇的情况。我常这样幼稚地想,如果有一双火眼金睛就好了,珍珠和鱼目,一定分得一清二楚。在教学实践中,我强烈地感到教改要有主心骨,要有正确的理论指导,不能偏离育人的大目标,不能追风,不能随风飘荡,用似是而非的口号混淆视听,追求轰动效应。育人,是老老实实的事,教学生学语文,是用中华优秀文化哺育他们成长,提高他们语文总体素质,来不得半点的虚空和马虎。为此,自己必须增强自信,自强不息,一步一步往前走。

欢乐时光

生命的闪光无过于站在课堂上面对几十双充满求知渴望的眼睛,我深切感受到我因他们而存在,因他们的成长生命才有意义、才有价值。

当我和学生一起沉浸在民族优秀文化的浓郁氛围中,看不尽"衔远山,吞长江,浩浩汤汤,横无际涯"的美景,领略不尽"醉里挑灯看剑,梦回吹角连营。八百里分麾下炙,五十弦翻塞外声。沙场秋点兵"的爱国情怀,品尝不尽语言如"无边落木萧萧下,不尽长江滚滚来""乱石穿空,惊涛拍岸,卷起千堆雪""寻寻觅觅。冷冷清清,凄凄惨惨戚戚"等的字字珠玑,心中的民族自豪感不仅油然而生,而且是充盈胸际。吮吸民族优秀文化、民族奋发精神的乳汁,人的心胸会开阔起来,人似乎脱离卑琐,高大起来了。当师生学到写现代人崇高品格、伟大精神的作品,如《周总理,你在哪里》《一月的哀思》《春夜的沉思和回忆》时,心灵受震撼,思想受洗礼,感情被净化,我强烈地意识到带领学生学语文,绝不只是让学生学一点文字上的技能技巧,而是要在学生心田做"植根"的工作,植志向的根、理想的根、人格的根,植良好道德情操的根,植意志、毅力的根。为此,在教学中一定要做到思想内容和语言形式交融,引导学生在学文的同时,思想情感和人格的形成受到良好的熏陶。

基于这样的认识与感受,我追求语文课的感染力和辐射力,让课文中深邃的思想、精辟的见解、丰富的情感,伴随着语言文字的咀嚼、感悟,流淌到学生心中。我追求的语文课的境界是:教师与学生和谐互动,教师崇高使命感和对教材的深刻理解碰撞,感情发生"井喷",感染学生,推动教学进程;学生自主学习充分发挥,或质疑,或评论,或挑剔,或追根究底,发表个性化的独特看法,思想闪现火花,促使教学往深处开掘,往广处延伸。如果记录下来,是一篇师生共同创作的生动的优美散文,又是一首节奏鲜明催人奋进的交响曲。每当学生以满腹经纶的姿态发表高见时,每当师生为探求真知争论得面红耳赤时,每当学生对某个问题恍然大悟时,我的欢乐难以言表。有时两节课铃声响了,有些学生脱口而出:"时间怎么那么快?"有的学生还沉浸在特定的美妙情境中,有滋有味地说:"啊!简直是艺术享受。"学生学习的欢乐深深感染着我,使我陶醉其中。

修改作文看似苦差事,绞脑汁、花时间、费精力,其实,只要把每篇作文看作是一个个生气勃勃的可爱的学生在吐露心声,你就会觉得乐在其中。批改作文,是在和学生进行心灵的对话,哪怕是细微之处有优点,也要真诚地鼓励,更不用说佳作或有精彩之笔,更要满腔热忱地肯定、赞扬。至于写得不理想的,疏漏及错误较多的,也不能泼冷水,而是要热情指点,努力加温。如果学生写作能力都是上乘的,要我这个语文教师干什么呢？不会写，写得不好，是正常的。师生心灵上沟通，指导得法，这些学生的进步也是很快的。学生对作文眉批、总批的重视，就说明学生在写作上有可贵的上进心。有的学生用期盼的目光对我说："老师，你给好几个同学批语写一页多，为什么给我只写几句？多写一些吧，我会认真看的。"我对他说："刚面批过，交换意见够多了，就少写了几句。"他仍然执着地说："面批是面批，写是写，不一样。"我感动了，学生喜欢心灵的对话，我又提起笔直抒胸臆。有的学生拿着作文本神秘地对我说："这篇作文只能给你一个人看，千万不能印出来做作文讲评的材料。家里这件事只能让你一个人知道。"信任的暖流注入我的肌体，我深为感动。在浓郁的师生情、信赖感，乃至思想认识、文字运用的碰撞中，学生的作文像样了，有分量了，进步了，提高了，我品尝着其中的欢乐。

似水流年，学生离校后眨眼间就是十年、二十年，乃至三十年。重逢时朝花夕拾，欢乐从眼睛里、从心头、从朗朗笑声中、从幽默风趣的语言中奔涌而出，我被欢乐包围，有时竟自失起来。那个毛笔字写成大花脸的他，竟然变成了身高一米八几的男子汉，大学毕业已好几年，站在我面前说起往事，脸色还带有几丝羞涩；那个勤恳为同学服务的生活委员，在口粮匮乏的艰难岁月中，老师病中省下粮票给她买面包的事，一记就是三十年，而且成为她爱学生的动力；那个突患急病的她，深夜被我背送医院得到及时救治，日后成家立业，生了个女儿，还取名叫"漪"……一件件，一桩桩，如数家珍。我怎么也想不到一些极平常极细微的事，学生竟然珍藏在记忆之中，一藏就是那么多年，鲜活，生动，没有因岁月的流逝而褪色。育人的事业是那么长效，那么崇高，我脑海中不时浮现出一批批跟着我学语文、学做人的学生群像，文化在他们身上传承、发展，生命在他们身上延续、闪光，我沉醉在幸福之中。

遗 憾 悠 悠

教了一辈子语文课,课前备课应该说是比较认真的,但教过以后总是比教之前清楚一点,教过以后,回顾反思,总发现这样那样的毛病。我深切体会到,自己的语文教学充满了遗憾,它有缺点、不足,乃至错误。正因为平时有这一点点认识,故而一辈子勤奋进取,力求不愧对学生。

由于认识能力的局限,由于知识的贫乏和视野的狭窄,当然也有客观因素的影响,许多可以做得更多更好的事,没有排除困难下决心,或没有全力以赴做好。如语文教改实验的问题,要真正探索语文教学规律,从理论的高度认识底里,确实应集中精力用一段完整的时间开展扎扎实实的科学实验。而开展实验,一须在常态下进行,这样实验的得失与经验教训才比较符合实际情况;二须实事求是,具有科学态度、科学精神,不能有凡实验必成功的假象。多次下决心想进行实验,但因工作繁忙,学校变动,未能实现,实在遗憾。又如,较长时期以来,教法研究得多,学法研究十分薄弱。学生是学习的主人,学生怎么学语文,怎么会学语文,怎么学会语文,是涉及学生今日的成长与明日的发展至关重要的问题,自己研究得不多。"师傅领进门,修行在个人",教师的"引"是重要的,但学生怎样"修"更为重要,教师如果对学生的"修"漠然置之,对他们的"修"缺乏深刻了解、深刻认识,那教师的"引"也是很难有实效的,教师毕竟不能代替学生成长,学生对语文学有成效,须靠他们自身主观能动作用的发挥。我认为在新世纪的语文教学中,一定要坚持以学生的发展为本,提高他们的语文整体素质,在这方面,自己的超前意识不够,留下深深的遗憾。哪怕是一件件具体的事,愧疚也不少。有一位语文老师十多年前是我的学生,有次我听他的课,课后交换意见时,他有几分伤感地说:"当年我多想自己的作文被印一次来讲评,三年没有印到。"我的心突然咯噔了一下,虽说我相当注意发现每位同学的长处，发挥他们的积极性，可是却在无意中伤了这位同学的心。细想起来，又何止他一人呢？学生世界纷繁复杂，我的眼光太不精细太不敏锐了，留下的只能是愧疚、遗憾。正如过去写的教案，留下的课堂实录，现在看来，特别用现代教育观念来衡量，用新的课程标准来衡量，须修改、须推敲、须压缩、须开创的比比皆是。我的职责是应该做得更好，但我没有做到。究其原因，是自己的德、才、识、能的素质缺乏高度，不够完善。站不到高处，就想不到远处、深处，做起来就更加捉襟见肘，留下了串串遗憾。今年，我从教整半个世纪，山东教育出版社的领导和同志们出于对基础教育的厚爱，对中学语文教学的厚爱，嘱我把写过的文章及出版过的一些书结成集子，以资纪念。在感谢的同时，我又深感汗颜。在教学实践中确有点点滴滴体会，然后又逐步形成一些看法、一些观念，陆续写成文章。由于都是应约稿之请，因而，绝大部分是急就章，十分粗糙，也十分肤浅，为了强调某些看法，其中又常有重复之处。从编撰、印刷、校对到出版，仅三四个月，来不及删改、润饰，只能原样奉献给同行，这又是一种遗憾。我们这一代语文教师，由于历史的原因和自身的不足，真是遗憾悠悠。也正是由于我们的不足与遗憾，年轻的语文教师就更有大展宏图的时间与空间。长江后浪推前浪，年轻的语文教师生逢新世纪，处于课程改革的洪流中，必能创造出语文教学的辉煌。

《文集》记录的是自己在教学实践中探索的脚印，普通、平常，无动人之笔，无惊人之举，只是如实地说明了一名钟情于党的教育事业、钟情于语文教学的教师曾为之倾注全部心血，奉献青春与生命。

《走近经典　高中文化读本》前言[①]

婴儿靠优质乳汁的哺育方能健壮，青年靠精神食粮的丰富方能长足发展。阅读是获取精神养料的极其重要、极其有效的途径，以往社会如此，信息时代、网络时代也是这样。

有理想有追求的青年应十分珍视读书这一"人类特有的神圣权利"。哲学家贺麟教授对这个问题的阐述深刻而精辟，他说："故读书是划分人与禽兽的界限，也是划分文明人与野蛮人的界限。读现代的书即所以与同时的人作精神上的沟通交谈。读古人的书即所以承受古圣先贤的精神遗产。读书即可以享受或吸取学问思想家多年的心血的结晶。所以读书是人类特有的神圣权利。"仔细咀嚼，其中蕴含不尽的哲理情思。

学生时代读教科书，读好教科书，是天经地义的事，但千万不能拘囿于此，画地为牢，把自己箍在里面，要善于抓住时间，拓展空间，广泛阅读。人的成才不可能像竖立一根竹竿一般，根部与顶端直径相仿，圆周相近，即使是"立竿见影"，影子也不过是瘦瘦的一条，难成大器。人的成才要靠扎实宽厚的基础。青春年少之时，对自然科学、社会科学、文学艺术，对古代的、现代的，东方的、西方的，民族的、外来的等读物，广为涉猎，开阔视野，对认识自然、认识社会、思考人生，有百利而无一

[①] 于漪主编《走近经典　高中文化读本》（上海教育出版社 2001 年版）。

弊。当然，前提是读物是优秀的，有品位的。

高中学生由于课业的繁重，时间贵如金，用大块大块时间去挑选读物，读大部大部的著作，大概除少数偏爱文学的同学外，就绝大多数同学而言，几乎是不可能的。因而，如何以最短的篇幅、最具代表性的作品提供给学生阅读，就成为许多长者、许多教师思考的问题。思考的焦点是让学生以最少的时间获得最大的效果。《高中文化读本》这套书就是这方面思考的产物。

这套书无严格的编排顺序，既不从文学史的角度，也不从科学史的角度，它的特点是"散"，意在让学生广为涉猎，古今中外的各类文章皆有展示；但又散而有致，只要是在人类精神历程、文化历程中卓有建树的，都择其精粹和学生读者见面，因而在"散"中闪亮着一颗颗璀璨的星星，给人以启示，给人以智慧。

读书在于，目在纸上，心入书中，靠自己咀嚼、品味、感受、领悟，触类旁通，举一反三，别人讲解、剖析，最多只是点拨、引导而已。基于此，这套读本不作详尽的注释和具体的分析评论，只是作点简单的提示，提点拓展的要求，让学生读者自主阅读，遨游于美文佳作之中，享受求知的愉悦，享受认识世界、认识人生的欢乐。

阅读从来不是一个封闭系统，它是开放的，多元的，有历史的芳香，有时代的露水，这套读本不过是为同学们开启阅读的大门，步入其中，执着追求，就能触摸到人类文化的灿烂辉煌。

《少年古诗词诵读本》前言[①]

中国是诗歌的王国,5 000年的优秀文化熔铸了不计其数的脍炙人口的优秀诗篇。许多诗流传千古,哺育了一代代人的成长,是我国极其珍贵的精神财富。不说别的,仅是唐诗宋词,就多如天上璀璨的繁星,闪发出迷人的光彩。

优秀的诗词像种子一样,有顽强的生命力。它们破土而出以后,和芳香的空气融合,长久地弥漫大地。今天,青少年学生学习古诗词,诵读古诗词,咀嚼、体会、感悟、心驰神往,仍然能徜徉于美妙的意境之中,嗅到它们散发的芳香。

诗词中蕴含着深厚的中华文化,可说是智慧的源泉。上自天文,下至地理,万事万物,皆入诗中。诵读诗词,对精神的升华、情感的熏陶、人格的塑造,能起无可估量的潜移默化作用。学生用这些优秀诗篇打做人的底子,打文化素养的底子,底色亮丽,在人生旅途中受用不尽。

诗词是诗人生命的火花,感情的迸发。当外物和诗人内情猛烈撞击或交融时,就形成动人的诗篇,就会产生千古绝唱。诗歌充满了诗人的智慧和灵气,所以诵读时要整体感知,要联系生活实际,联系自己的知识储存,开展想象,这样,脑中就会浮现出一幅幅生动的图景。读诗还要开动脑筋,对诗中情、诗中景、诗中意可以从不同角度去理解,不同

[①] 于漪主编《少年古诗词诵读本》(东方出版中心2002年版)。

侧面去体味，不同方位去揣摩，使自己有独特的体会和感受。

诗词是语言的精华，学习诗词对学习语言特别有帮助。它生动，形象，凝练，精辟，言简意丰，言简意深，言简意赅。熟读，背诵，有助于丰富语言，积淀文化。

这本书的每篇诗词下面都有"知识宫""智慧泉""创造室"三个方面的内容。前两个部分提供一点资料帮助小读者阅读理解，提供的资料，讲述的内容，突出重点，不面面俱到。"创造室"一栏，主要在启发小读者诵读时发挥主动性、积极性、创造性。小读者积极性的发挥，不仅可读出诗情，悟出诗意，而且能具体感受到诗词中的思想精华和情感魅力。

希望小读者能喜爱这本书，并能对其中的诗词熟读成诵。

《探索明天的教育》序[①]

《探索明天的教育》是冯恩洪校长近 20 年来从事教育研究和教育实践的论文集、讲演集,冯校长邀我作序,故有幸先学习文稿。尽管由于德育高级教师职称的评审工作,我们早有接触,也比较熟识,但阅读文稿时,仍不时为文中活跃的思想所吸引,受到不少启发。

办教育必须有前瞻性。教育是着眼于未来的事业,任何学校都应该着力于为祖国的未来培养和造就有用之材、栋梁之材。教在今天,要想到明天,要善于用明日建设者的要求来审视和指导今日的教育教学工作。教育又是充满理想主义的事业,熔铸人类文明、民族精粹、科学创造,哺育后代成长,期盼英才辈出,花团锦簇。学校教育教学工作渗透理想色彩,着眼于未来才有可能落到实处。冯校长执着探索明天的教育,他认为"仅仅思考从今天走向明天未免沾有功利主义色彩;不仅思考从今天走向明天,而且着眼于明天的环境,思考如何从明天走向后天才称得上有战略眼光。教育是百年树人的伟业,需要它的参与者走一步,想两步",这是很有见地的。居高才能临下,登高才能望远,心中有未来憧憬,办教育就孕育着无限的生机。

办教育对现实状况须有清醒的认识。认清取得的成绩和存在的问题,就能锐意改革,不断前进。我们这个发展中的国家,用有限的国力

[①] 冯恩洪著《探索明天的教育》(上海教育出版社 2002 年版)。

办世界上规模最大、学生数最多的教育,而且取得如此丰硕的成绩,确实令世人瞩目。但毋庸讳言,我们的教育理念、教育体制、教育结构、人才培养模式、教育内容和教育方法等诸多方面还存在不少问题,尤其是教育理念,如果不研究社会,不研究教育现状,就难以有突破性的进展;教育理念不更新,其他方面的改革就寸步难行。冯校长注意研究教育的现状,看到了社会主义市场经济取代了计划经济后,人才培养模式受到了严峻的挑战,苦苦追求有生命力的教育须把握两个支点,即满足社会发展需要和学生发展需要,逐渐将社会发展需要内化为受教育者个体发展的需要,使个人发展的需要升华到更高的层面。这样,培养学生"合格加特长"的目标就应时而生,呼唤学生增强自信,激发学生发挥潜能,追求卓越,在学校教育中学生的主体地位大大加强。

勇于改革、勇于实践,在书中也表现得十分突出。和冯校长接触过的人,几乎对他的演讲才能众口赞叹;其实,他不仅讲,而且做,改革的勇气一往无前。从做班主任到当校长,他几乎没有"安分"的时候,新做法、新花样层出不穷,是个"标新立异"的人。当然,改革不可能都正确,尽善尽美,因为人的认识与客观实际不可能天衣无缝,制约的因素,预料到的,没预料到的,不在少数。什么事情都求一次成功,完美无瑕,大概在世界上也是极其罕见的。探索的过程,改革的过程,总会伴随着种种困难、种种不周全,乃至缺点错误,但和因循守旧、故步自封比,前者有前进的动力,充满了希望。为了探索明天的教育,冯校长不仅强调自己要有一根"坚强的改革神经",而且强调教育改革须曲高和"众",把个人的追求变成一支队伍的目标,共同创造学校教育的辉煌。这些年来,建平中学创造的业绩正是凝聚集体智慧、坚持锐意改革结出的硕果。

明天的教育是办学者应考虑的问题,也是一个开放性的大课题,须潜心思考,努力探索,不断总结,提升认识。读一读这本书,会感到另有天地,有所发现,有所感悟,增强前进的信心与动力。

《陈文高语文人生的四个乐章》序[①]

人生如歌,一名优秀教师就是用自己的青春、智慧和生命谱写学生成长、成人、成才的悦耳动听的交响乐。阅读步根海、张安民两位同志编写的《语文人生的四个乐章》书稿,耳边仿佛响起了陈文高老师语文教育生涯中时而激昂时而低回的动人乐曲。母语教学育人,培育学生成才,永远是欢乐的乐章。

陈文高老师是资深语文教研员,初认识他时,他还是年轻的小伙子,给我的印象是"很行"。一是思维活跃,对语文教学有自己独特的看法,不人云亦云;二是上海首批援藏教师,在西藏拉萨中学任教,经受两年高原生活的考验;三是体育运动好,竞赛方面有特长。有抱负,能吃苦,潜力大,我心中顿生敬意。

实践检验,确实不同凡响。无论在教学第一线上课,还是从事师资培训,他总是从学生实际出发,从语文教育兴利除弊的愿望出发,提出改革的措施,并付诸实践,及时总结,提高到理论上认识,取得良好的效果。比如课堂教学中师生平等问题,说起来容易,做起来难。陈老师早在20世纪70年代从一堂公开课的事先未作任何预演的"师生配合默契"中,体会到师生关系应该是"尊师又尊生""爱生也爱师"。课堂上教师千万不能自觉或不自觉地充当教学的主宰,"教"不能统治"学",不能

[①] 步根海、张安民编《陈文高语文人生的四个乐章》(上海辞书出版社2003年版)。

代替"学",学生有权利自主学习,在学习过程中获取知识,培养能力。本书《教坛断想》中"教学的民主"就描述了课堂上民主气氛浓、学生学得愉快学有良好效果的可喜情景。《故乡》《死海不死》《我的叔叔于勒》等教学实录也都是课堂教学中发扬民主的明证。

较长时间,中学语文教学中对学生口语表达能力及质疑能力的培养不够重视,因而,学生语文能力的弱项明显,影响语文素养的全面提高。陈老师提出要开设口语训练课,从根本上提高口语表达的质量。为了落实这一认识,在 H 版语文初中教材的编写中,每学期专门安排视听单元和口语表达训练。这在当时全国多种语文教材中是比较罕见的。至今仍有不少语文教师认为重视口语表达的认识是前沿的,做法具有新意。将"质疑"引入语文教材,倡导质疑教学,探索质疑教学,不仅仅是教学方法的探究,更在于培养学生思辨的能力,积极引导学生善于发现问题,敢于提出问题,乐于研讨问题,提高思维品质。抓思维训练,促语言发展,学生深受其益。

担任 H 版语文教材副主编,更是全面深入思考语文教学中方方面面的问题。阅读,写作,口语表达;教法,学法;课内,课外,等等,全方位考虑,亮点频频出现。正由于陈老师在教学实践、教材编写、教研工作中积累了丰富的、成熟的经验,他培训青年教师时当然得心应手,左右逢源,有理论指导,有实际示范,能达到如此水平,是难能可贵的。

陈老师重情义,对指导过自己的老师满怀深情,永志不忘;对共同为提高学生语文素养拼搏的同事、朋友坦诚相待,友情深厚;对学生更是关怀备至,尽心培养。难怪时隔 30 多年,两位教过的学生、一位学生的女儿与陈老师在澳大利亚不期而遇时,是那么激动,那么情不自禁地畅叙往事,绘声绘色地弹奏着老师当年神采飞扬地讲课的乐曲,快板,中板,慢板,休止,停顿……欢乐洋溢于师生之间,弥散到第三代的身上。

　　陈文高老师 40 年教坛生涯留下了一名辛勤探索者的深深的足迹,弹奏出语文教改的美丽乐章。有幸先读书稿,是学习,也是分享教文育人的欢乐。

《语文课堂问题教学策略》序[①]

学科教学是实施素质教育的主渠道,课堂教学是实施素质教育的主阵地。在全面推进素质教育的今天,研究学科课堂教学,探讨提高课堂教学质量的途径与方法,无疑是有现实意义的好事。孙春成老师关于《语文课堂问题教学策略》一书的出版正是应时而生。

早在20世纪90年代就听到孙老师勤于语文教学改革的事迹,由于地区距离甚远,我又年老多病,未能有机会亲耳聆听他语文改革的高见。现读《语文课堂问题教学策略》书稿,受到不少启发。

首先是孙老师迎难而上、执着追求的精神。中学语文教学究竟如何有效地提高质量,使受教育者在一定的学习阶段提高理解和运用祖国语言文字的能力,提高语文素养,历来不仅是语文界讨论的热点,也是社会各界关注的问题。1904年,"癸卯学制"颁布,中国现代语文教育开始,百年来不知有多少文人学者为之倾心倾力,探求其中规律,寻求语文教育真谛。于是,各种见解风起云涌,于是,评是说非比比皆是。语文教育质量的有效提高,成了百年来须攻克的大难题。孙老师作为教学第一线的语文教师能笑迎困难,坚持十数年的探索,这种执着追求的精神是难能可贵的。

其次是广为采集,潜心钻研。从书稿内容看,真正做有心人,把语文

[①] 孙春成著《语文课堂问题教学策略》(广西教育出版社2003年版)。

教学中的种种鲜活材料广为收集，分门别类进行研究，纳入一定的框架，进行理论上的阐述。这里，至少有两点值得赞扬：一是博采众长，虚心向别人学习；二是静得下心，排除外界诱惑，扎扎实实进行研究。在市场经济浪潮冲击下，能甘于寂寞，实实在在做学科研究工作，也是难能可贵的。

再次是抓住关键，寻求突破。课堂教学可研究的内容十分丰富，可研究的角度也很多。特别是改革开放以来，国外这方面的种种理论、种种做法奔涌而至，由于国外教育个性化特征鲜明，做法各异，纷至沓来时，往往使我国教师目不暇接。再说，语文教育是母语教育，民族精神是其中的魂，照搬照抄外来的东西，最终结果是丧失了自己；而丧失了自己，结局可悲。因此，借鉴外来的东西要善于筛选，吸取有价值的，拿来为我所用。从学理上说，在母语教育中要站得住脚。孙老师在诸多做法中选择了"问题教学"进行研究，意图以此为突破口，逐步实现语文教育的终极目标——学生会自研自学，"不需教"的理想境界。这样的选择也是用过心思的。《语文课堂问题教学策略》一书就基本理论、教学目标、教学原则、基本结构与功能，培养学生发现问题、提出问题、分析问题和解决问题的能力，策略观等诸多方面进行了详尽的论述，重在培养学生的思维能力和创造意识，有利于促进学生语文素养的发展。语文课堂内的问题教学方方面面思考得如此细致，也是极其不易的。

深化语文课程改革，是篇内涵极为丰富的大文章。理论上要加强研究，实践中要加强试验，在理论和实践结合的高度认清语文教育的内在规律，扎扎实实向前迈，学生必能深受其益。孙老师数十年来朝这个方向努力，对语文教改身体力行做了许多工作，本书是他改革的力作，会给语文同行带来不少启发。

《新语文个性化写作》序[①]

眼下,中小学生作文选可谓铺天盖地,内容繁复,编选形式多样。其中虽鱼龙混杂,但毕竟有优秀者,可供同龄人借鉴。而这套《新语文个性化写作》不是一般的作文选,颇具特色。那么它的价值与意义又是怎样的呢?

近年来新颁布的《语文课程标准》基于语文教育千年的积淀、百年的探索、世纪末的讨论、跨世纪的思考,从理念到目标到实施,有众多的突破,充满了改革的精神。写作教学无论是性质、地位、要求、做法,都有突破性的进展。这套丛书编写的宗旨是指导学生因生活而感受,有真情而表达,为交流而写作,符合课程改革的精神。

以往写作教学往往从成熟的文章规范的角度考虑比较多,从学习者的角度、交流的角度和全面素养提高的角度考虑得比较少,写作在不知不觉中形成某种套路,路越走越窄,学生自主写作的积极性受到损害。这套丛书立足于学生的发展,重视个性的发挥与张扬,通过一次次选择性的写作实践,真正引领学生走进作文世界,乐于写,敢于写,写得出,写得好。写作由苦恼而快乐,成为成长过程中不可或缺的吐露,学生就会喜爱它,钻研它,写作素养提高也就会显而易见。

写作是表达和交流的重要方式,它是为生活、为人生的,是人生存

[①] 郑桂华主编《新语文个性化写作》(广西教育出版社2003年版)。

和发展的基本能力之一。写作的过程就是认识世界、认识自我的过程。不热爱生活,不关注现实,脑中空空,下笔必然干瘪枯涩。学习写作,就要学习观察分析自然与社会,表达自己对自然、对社会、对生活、对人生的感受、态度、看法,表达自己的真情实感。

  本丛书每一册都隐含"观察与体验""想象与感悟""思考与探究""应用与交际"四个层面,分别由《习作交流》《作家手笔》《张扬个性》《迷津飞渡》四大板块组成(一、二年级除外),就是着力于引导学生在认识世界时体验、感悟,在描写世界、表现世界的同时,抒写自我,表现自我。当然,自主写作时更要注意文风的端正。思考、探究、应用、交际,都要说真话、说实话、说心里话,千万不能说假话、空话、套话。每个学生从自己的实际情况出发,写自己独特的体验,独特的看法,说自己富有个性的话,正是摒弃千篇一律、假话空话连篇的有效方法。

  丛书以单元形式呈现,将"导、读、写、评"融为一体,它的优点在于激发读者写作热情、写作兴趣,给读者提供学习的榜样,从中吸取营养,领悟表达情意的技能技巧,再精选同龄人的习作进行评论,开拓思路。学有榜样,写有借鉴,积极思维,平等对话,写作中的利弊得失再也不是空洞的概念,空洞的说教,而是具体的、鲜活的、摸得着、体会得到的。读得深入,有兴味,下笔写就活水流淌。当然,阅读时同样可发挥自己的聪明才智,评是说非,不仅对作品、习作,而且对点评的文字。看得多,想得多,辨别力、判断力、赏析力就会在不经意中得到提高。眼高了,手也就会逐步跟上,写的能力相应提高。

  文章千古事,得失寸心知。写作能力、写作素养的提高非一朝一夕、一蹴而就,靠的是自己不断地练习、琢磨、积累、感悟。同样的题材,由于写作的人认识能力的高低、文化积淀的深浅、视角的差异、运用语言能力的强弱,写出来的文章大相径庭。因为文章是自己的,我手写我心,是极具个性的。

希望小读者解放自己的心灵,学会用自己的眼光和心灵去感受、去体验,多读佳作,用自己的笔写自己想说的话,说得真切,说得有味道,伙伴就愿意读,就愿意与你交流。

《苹果与粉笔灰——献给老师的心灵咖啡》序[①]

对教师而言,这本教育小品有一种奇妙的吸引力,只要翻看一下,就会有欲罢不能的感觉,真想了解其中的奥秘。

这样美妙的书名,仿佛使人看到了教师辛勤耕耘,得天下英才而育之,取得了累累硕果而兴奋不已的动人情景。

打开书阅读,你会情不自禁地感到书中许多人许多事似曾相识,有的甚至比较熟悉。尽管记述的是异国他乡的事,国情不同,文化背景有异,思维方式、生活习惯有差别,但教育是一种特殊的无与伦比的高尚事业,全世界的教师在教育学生成长的过程中,会有许多相同相似相近的认识,会有类似的种种遭遇,会有不少共同语言,这大概就是人们常说的而又十分珍贵的"心有灵犀一点通"吧。阅读这本教育小品,是在了解别的国家的教育风情,也像是在倾听别人诉说自己周边发生的事,有些简直是亲身经历过的,那种亲切的氛围增添了阅读的快乐。

书的内容由近百个小故事组成,学生的、教师的、校长的、家长的、课内的、课外的、成功的、失败的、喜悦的、困惑的,千姿百态,情趣横溢。你想了解名人,包括国家总统、著名作家求学生涯中的细节吗?你想了解在教育教学中如何迎接学生挑战欣然走出困境吗?你想了解如何摆

[①] [美]维基·卡露娜著《苹果与粉笔灰——献给老师的心灵咖啡》(上海人民出版社2003年版)。

脱琐事的繁忙挤出时间学习，自我提升，自我提高吗？凡此种种，书中均有涉猎。故事不是冗长的、累赘的、喋喋不休的，而是玲珑剔透的。正如莎士比亚在《哈姆莱特》剧作中说："简洁是智慧的灵魂，冗长是肤浅的藻饰。"的确，智慧总是那么晶莹明净的。

教育不仅是科学，而且是艺术。就拿上好一节课来说，看似稀淡平常，实则有诸多因素的影响。教师对教育的理解与热情，对学生的热爱与呵护，文化底蕴，专业水平，教学的基本功，语言的魅力，学生的心态，环境的气氛等都关系到教学的效率和学生的成长。至于整个教育的极其丰富的内涵自不必说。这本教育小品对教育的方方面面提炼出不少精彩的看法，在司空见惯的现象中，洞悉问题的实质，形成重要的教育观念。其中不乏真知灼见，能醒人耳目，启人深思，催人奋进，追求卓越。故事前引述名人的话，要言不烦，起点睛作用。

书的作者希望尊敬的老师好好地享受故事带来的乐趣，我认为，我们老师本身就有丰富多彩的教育积淀，有的故事可能更为曲折，更为动人，蕴含的思想更为深刻、深邃，老师们在享受阅读乐趣的同时，握笔抒写、创造，岂不是乐上加乐？

《名家与你同行》序[①]

记得1987年诺贝尔文学奖获得者约瑟夫·布罗茨基在获奖演说中曾沉重地说:"鄙视书,不读书,是深重的罪过。由于这一罪过,一个人将终生受到惩罚;如果这一罪过是由整个民族犯下的话,这一民族就要因此受到历史的惩罚。"阅读对人生、对民族无可比拟的重要性被他阐述得精辟透彻,入木三分,令人心灵震撼。

确实如此,在现代社会,不认真读书,不大量吸收文化养料,怎能生存?怎能发展?又怎能成为文明人?尤其是青少年求学时期,虽身处现代媒体技术的包围之中,但仍要重视阅读,抓紧时间阅读,用人类创造的精神文明开阔视野,丰富心灵,滋养道德情操,哺育自己成长,成为国家的有用之材。

阅读是人生的伴侣,开人心窍,给人智慧。但必须清醒地认识到:开卷未必有益。中学生要拿出眼光,学会选择。垃圾文化当然要断然拒绝,那些粗制滥造的、水分胀足的、泡沫漂浮的,除了消磨青春,别无益处,因而同样要舍弃。人生苦短,中学生在打基础阶段,要读文质兼美的书,读经典,读精品,读佳品,力求用较少的时间获得较大的效果。《名家与你同行》就是编者从中学生的实际出发,精选古今中外各具特色的作品,让年轻的学生阅读、品味,既可广为涉猎,又能提高精读。

[①] 沈惠乐、姚建庭编《名家与你同行》(上海画报出版社2003年版)。

编者对名家名作作了精辟的指导,引读者步入作品佳境。阅读是一种心智锻炼。再好的作品,一扫而过,难以收效。应充分调动自己的思维器官,咀嚼,感受,领悟。俄罗斯小说家邦达列夫曾说,一个人打开一本书,就是在仔细观察第二生活,就像在镜子深处,寻找着自己的主角,寻找着自己思想的答案……就是"感情的传染"。这就清晰地告诉我们,阅读要身入其中,心入其中,唯有如此,才能亲尝读书的三味,深受其益。

本书的编者还摘选了少量中学生习作置于每个单元末尾,与阅读内容配伍。学生习作稚嫩,不完善处甚多,这是不言而喻的,当然无法与名家名篇匹敌。然而,这样的编排启示我们:以精品为师,学习,理解,思考,体验,从思想内容到语言形式,有自己独特的认识,增长见识,增添文化底蕴;以习作为友,探讨,交流,从中获得借鉴,增添读写的热情,激发倾吐心声的积极性。一卷在手,亦师亦友,对话,交谈,乐在其中。

如果年轻的学生同意我粗浅的看法,就从本书起程吧。与"名家"同行,聆听他们的教诲;与同龄人同行,交流看法做法。只要身入其中,潜心思考,体会一定会比我丰富得多。

《作文新视角》序[①]

陈军同志新著《作文新视角》出版,我从心底为他高兴。

对于作文教学,陈军有长期而又坚实的实践,敏锐而又深刻的思考。1987年出版的第一本专著《积累·思考·表达》,2000年出版的第二本专著《材料与作文》就是明证。这本《作文新视角》在原有教学经验的基础上又有了新的发展与提高,对当前指导学生写作,活跃写作思维,加强表达效果,有十分积极的作用。

"新",是本书的一大特点。指导学生写作文的诸多模式,不少学生已耳熟能详,无非是审题、立意、选材、结构等,本书却一扫常规说法,充满新意。首先是以专题研究的形式排列,选择不同的视角,与学生一起讨论。文章写得好,相当程度源于读得好,要选择不落俗套的、独特精彩的角度切入,当然要从阅读佳作精品中汲取养料,开阔视野,寻找借鉴。读与写之间要架起桥梁。每个专题都从某一个特定方面给学生以启发,有思考层面的,有观察生活感受生活层面的,有写作技能技巧操作层面的,等等。"新"还表现在不是由书的著作者来灌输写作知识,而是充分尊重学生写作主体的地位,运用学生本身写作的优势,激发他们写作的积极性。每个专题冠名"创造室",就是鼓励学生自主创作,挥洒才情。"激活心理",更是重视学生的写作潜能。学生通常对自己具有

[①] 陈军著《作文新视角》(上海辞书出版社2004年版)。

的潜在资质、潜在能量缺乏清醒的认识,有时还缺乏写作的自信,正如苏轼所说"不识庐山真面目,只缘身在此山中",本书把这层面纱和帷幕撩开,使学生心灵放飞,他们的写作愉悦就会倍增,平时的阅读积累、生活积累就会源源不断地涌向笔端。

"实",是本书又一特点。用文字描写生活、抒发感情、发表议论,都是实实在在的事,来不得半点虚浮与轻飘。比如,"思维"看起来难以捉摸,如何进行训练?如何使思维有轨迹可寻?如何拓展?如何向纵深开掘?本书从写作的实际出发,扎扎实实地指出诸多方面的内容,有横向的双边联想,有纵向的深化思想,有中心开花的辐射扩展,经常这样思考问题,思维就会活跃起来,思维品质就得到锻炼。

"活",是第三个特点。新视角并不是一成不变的固定模式,它是开放性的,只要有兴趣,认真钻研,不少"创造室"里的内容都可以增添、丰富,作者提供了思路和范例,读者可以从自己的学习经验出发,补充看法,完善做法,有很大的灵活性。文章是成篇的,要讲究章法,讲究篇章结构。为了织锦成文,当然也可以先在"锦"上下功夫,在"织"上花力气,于是就有了写句子的指引,组织精美段落的安排,写句组段通顺、生动、流畅,文章楚楚动人自然就顺理成章。"作文不必成篇"显然又是一个新视角。

"新""实""活"三者不是割裂的,而是相互渗透,贯串于整本书中。

"文章千古事,得失寸心知。"这本作文指导书之所以具备上述特点,之所以言之成理,持之有故,源于陈军长期进行的语文教学实践,对学生写作上的忧乐得失了如指掌,潜心研究提高学生写作能力规律,因而贴近学生思维实际、表达实际,具有实用价值。学生读者认真阅读思考,在认识层面、思维层面、写作技能技巧层面,均能受到益处。

陈军25岁就写第一本作文专著,步履坚实,努力攀登,这第三本书又是一个境界。学生读了该书,心领神会,勤于笔耕,写作必能更上一层楼。

情真·理真·事真[①]
——《我这样学写作》序

受赵明老师的厚爱,嘱我为《我这样学写作》写序,因而有幸先读到书稿。书稿寄来时,正值羊年将尽,人来客往,俗事丛脞,我还是迫不及待地看完。书编得别开生面,心中不胜喜悦。

在"应试作文"如潮水般涌向书肆、涌向学校、涌向家庭时,对什么是作文,应该怎样学写作,不少人已经木然,包括有些学生和教师。《我这样学写作》无疑是缕缕清风,给人以充满盎然生机的感觉。它吹开笼罩在作文教学上的云雾,启示人们辨明方向,探索正确的写作途径。

这本书展现的是中学生当中写作优秀分子的典型案例,从"精彩放送"的一篇篇佳作看,思想内容、表达形式、语言运用确实千姿百态、花团锦簇,但更为可贵的在于写作者不约而同地聚焦在以下几个方面:

首先是回到了作文的原点,具备了作文的本真。刘玲燕同学这样说:"写作不是我生命的全部,却是我表达生命的方式。我亲近她,不愿意带有任何的功利性的目的。"吴凡凡如是说:"我想,对于我,也是因为某一刻的某种情感,而写下属于自己的文字。每个人的文字里都是他的灵魂。"说得多么精彩!写作文不是作秀,不是乔装打扮,而是写作者真情实感的流露。文章的生命在于真实,应情真、理真、事真,力求做到

[①] 本文发表于《中学语文教学参考》2004年第3期。

"情深而不诡""义直而不回""事信而不诞",否则,不可能有生命活力。即使有花有叶,也不过是剪画、刻纸而已,灵气全无。《庄子·渔父》说:"不精不诚,不能动人,故强哭者,虽悲不哀,强怒者,虽严不威。"作文源于自然,思想、情感从心头汩汩流出,有时会发出天籁般的声响,纯真、灵动、悦耳。周元同学的《坏学生自叙》就是心灵的袒露,不虚美,不隐恶,通体透亮。读文如见人,这样的学生怎不令人喜爱、令人尊重?这样的文章怎不令人深思,令人动容?清水出芙蓉,天然去雕饰。如若沾上了功利,就会作假,就会扭曲,就会异化,远离作文的本真。

其次是重视积累和写作实践的过程,一步一陟一回顾。写作上企图走捷径,一步登天是不可能的。手中有支灵动的笔,表情达意得心应手,左右逢源,是追求的目标,要实现这样的目标,须炼认识,炼眼力,炼文字功力,勤奋努力,锲而不舍,孜孜以求。书中的"成长之路""导师寄语""播种希望"从不同侧面阐明了写作能力的提高须历练,须有过程。爱读书,多读书,会读书,几乎是这些作者的共同追求,只有在文化积淀上下功夫,下笔才可能滔滔滚滚。古人说得好:"读书如销铜,聚铜入炉,大鞴扇之,不销不止,极用费力。作文如铸器,铜既销矣,随模铸器,一冶即成,只要识模,全不费力。所谓劳于读书,逸于作文者此也。"大量阅读,善于阅读,不仅拓宽了知识面,而且在熏陶感染之中丰富了情感,观察了社会,品味着人生。生活中的积累同样重要。现实世界纷繁复杂,用"心"观察,用"心"发掘,用"心"体验,就会发现,就会惊喜,就会陶醉。只要练就一双慧眼,就能享受到其中的愉悦。勤于写作实践更是这些写作者走向成功的必由之路。班报、校报、随笔、杂记、诗歌、小说、童话,抓住一切机会写,表达所见所闻所思所想。对自己写的文章采取负责态度,评论利弊得失,明确努力方向,对文字推敲、语言技巧也毫不含糊。当今,急功近利思想作祟,人们往往重理想中的"结果",轻实现理想的艰苦过程。这本书的写作者在追求目标实现的过程中,步履坚实,坚持不懈,相信可给同龄人以有益的启迪。

再次是热爱写作,痴情于文学。热爱是最好的老师。"写作本身就是快乐的,而恰恰我又是一个贪图精神享乐的人……自发创立了一个文学社,我们互相传阅着彼此的文章,我们羞涩地阅读着对方对自己最珍爱的文字的点评,我们齐心合力创办了一份展现自我的杂志……";"我的文字是风筝。我的灵魂是风……岁月不停,我的文字不会停,我的爱不会停";"写作是要有感情的……我意识到我所追求的自由就在字里行间,自由的最高境界就是要努力写出我心中所想的,在文字的天空上画出自己最美的痕迹";"我会虔诚地写下文字,不论在别人眼中,它是否优秀。写作,没有太多的色彩,它是纯粹的。也只有用心去写作,才能体味到它所带来的快乐"。写作者吐露的这些心声真一个"情"字了得!对文字、文学有必不可解之情,情深,情痴,情醉,而后才有令人动心、令人振奋、令人嘘唏的佳作。薄情寡义,冷若冰霜,写作只为应急,只为拿到一块敲门砖,当然不可能体味到其中的奥秘和欢乐。

每个中学生都想笔下生花,写出一篇篇文情并茂的漂亮文章,那就不妨读一读《我这样学写作》。静下心来仔细读,你就会感到春风拂面,细雨沾衣,美妙无比;你就会懂得写作应神于好,精于勤,成于悟;你就会感受到与写作的同龄人一起青春潮水涌动,非用文字表达难以平静……愿这本书伴随中学生同行,让更多的青少年走好写作成长之路。

《上海市中学生年度最佳作文选(2004年)》序[1]

《中文自修》杂志主编的《上海市中学生年度最佳作文选(2004)》出版问世,对广大中学生读者来说,是一件值得兴奋的事。

每个中学生都想写好作文,想提起笔来,文情思绪滔滔滚滚往外流淌,欲罢不能,那种快乐真是难以言表!然而,写好文章又绝非轻而易举的事。美文佳作是对自己、社会、人生体验与感悟的结晶,要写出文情并茂的文章,除了在多读书、广见闻方面下一番苦功外,还得切实地进行写作实践。

刘勰在《文心雕龙·知音》中形象而深刻地指出:"凡操千曲而后晓声,观千剑而后识器;故圆照之象,务先博观。"意思是会演奏上千首曲子而后才懂得音乐,观察了上千把剑而后才会识别宝剑;所以全面观察的方法,务必先要看得多。显然,亲身大量实践,才有真切体会。而要实践得有成效,就须先"博观"。中学生"博观"的对象很多,关注社会、关注生活十分重要,还得多多读书。各类有益的读物,尤其是佳品、精品,能使人增长见识,锻炼思维,提高眼力,从中体味写作材料的丰富和语言文字运用的佳妙。同龄人的佳作也应是"博观"的一个内容。同样花季年华的年轻人,读到有同样学习生涯、同样美丽憧憬和成长困惑的

---

[1] 李锋主编《上海市中学生年度最佳作文选(2004年)》(华东师范大学出版社2004年版)。

好文章,会有贴近感、真切感、知己感,似乎在你面前亮出一面镜子,展示一片亲切的新风光。

作文选表现了中学生的生活世界、知识世界和心灵世界,难说灿烂辉煌,光彩夺目,但情感的真挚、心灵的纯净、思想的闪亮、语言的灵动,会不时给你以惊喜,引起你不尽的遐想。如《家如琉璃》《苦瓜》《蚊子啊!蚊子》,写的都是学生生活世界中的小事,然而,观察的细致入微,体验的真切独特,语言的情感内涵,会给你实实在在的启迪。"家,是我心中永恒的璀璨琉璃",流出的是文字装载不下的浓浓亲情。苦瓜"那疙疙瘩瘩的表皮,在我眼里也不再是'丑女',它不知掩饰,也不作矫揉造作的打扮,落落大方,倒有点可爱",在娓娓叙述的基础上,一语道出了认识的变化、感情的演变,与此同时,这位初一年级小同学在稚气中成长的情景活脱脱地展现在眼前。

文章的耐读耐思源于内容的厚实和文字的精美,而厚实又植根于文化的积淀和视野的开阔。作文选中不少高中的佳作验证了这一点。如《顶点》一文,如果对余纯顺、彭加木科学探险"壮士一去兮不复返"的悲壮事迹一无所知,对北京大学"山鹰社"同学挑战生命极限的心灵不震撼,对"哥伦比亚"号上七名宇航员魂断苍穹不知晓,笔下就不可能有一个个材料、一句句话语撞击读者的心灵。其实,文章的厚实不仅是习作者认识世界的问题,更与习作者的心灵世界紧密相连。"顶点,是人生永恒的诱惑","前人将生命终止在一个个不完美的顶点,画上的绝非句号,而是大大的惊叹号","无论结果完满与否,都将创造一个新的顶点"……正是这些思想的火花,既照亮了写作的材料,使文章闪发光芒,又启人深思,去寻求人生真谛的解答。有些文章是心灵的倾诉,如《信任》,在纵横议论中表达自己对"信任"的理解、判断与渴望;《YOUNG是什么?》在貌似絮絮叨叨中倾吐对青春的思考与追求。书中发人深省、使人动情的佳作不胜枚举。

从同龄人抒写生活世界、知识世界、心灵世界的佳作中寻找知音,比较,分析,学习,借鉴,扬长,补短,眼前就会出现你写作实践的新天地。

《成语新解创意作文词典》序[①]

议论文写作是中学生锻炼写作能力、有效提高写作质量的难点。能否就特定的事物纵横议论,言之成理,持之有故,乃至妙趣横生,当然有众多因素的制约,但思辨能力的强弱,思维开阔度如何,无疑起至关重要的作用。《成语新解创意作文词典》就是应学生这种写作需求而诞生的。它以成语为原点加以生发,以作文为依据进行评述,引导学生学习、揣摩、思考、辨别、比较、对照,在阅读中体会、感悟,在借鉴中获得真知,提高写作议论文的能力。别的不说,仅就这一点而言,该书具有实用价值。

为什么要把成语作为该书的原点呢?我国历史悠久,文化源远流长,成语之丰富,真所谓"车载斗量,不可胜数",其中许多仍为人们广泛运用。成语蕴含着丰富的民族文化信息:历史、人文、寓言、故事、哲理、智慧。在漫长的历史岁月中,从对社会上人与事的错综复杂的关系里提炼出种种真知灼见,给人以深刻的启迪。成语又大多是四字,几乎包括了汉语所有构词造句的方法,其中不少声律和谐流畅,朗朗上口,因而人们乐于运用。由于它意蕴丰厚,凝练精辟,运用时常能收到以一当十的效果。

语言本身是发展变化、与时俱进的,成语当然也不例外。随着时代

[①] 李杏保、王必辉主编《成语新解创意作文词典》(上海人民出版社 2004 年版)。

的进步,有些成语的使用价值消失,只能束之高阁;有些继续闪现光彩;有些须正确解读,联系现实,赋予时代意蕴,须创造性地运用。书的编写者悉心选择了108个常用成语作为创意作文的词目进行解读,从"批判""反义"等多个方面加以辨析,根据辨析内容,写下了有创意的作文,然后再对作文评点、说明,加深对该成语的理解,使原有的成语闪现出时代的光彩。

学习重在过程,阅读、咀嚼、品味,对某一成语如何思辨,正面,侧面,反面;历史,现实;本义,引申;字里,字外;褒扬,贬斥……往深度开掘,往广度延伸,读者的思辨能力因文中的思辨有迹可循就得到了锻炼。一篇不多,十篇、上百篇读下来,就摸索到思辨的角度,思辨的方法,思辨的某些规律,思维空间拓展,由狭窄而开阔,脑中不再空空如也。动起笔来,不仅各种素材奔涌而至,而且种种新颖脱俗的想法会在脑中浮现,形成观念,评是论非,议论的本领就会增强。

学习贵在举一反三,闻一知百。成语这个点是"一",对"一"理解得透,认识得深,对"一"进行思辨,就能纵横捭阖,增添时代新意,从而写出有创意的文章。进行一番研究,从中获得的认识,学到的方法,推及其他类型的议论文写作,又会有一片新天地,让你惊喜,而这种惊喜又离不开从"一"中品尝到的甘甜。"三"也好,"百"也好,从"一"中吸取思辨养料,议论的美景终将展现。

汉语特别具有灵性,它是具象的、灵活的、富有弹性的,创造的空间特别大。成语作为固定词组,以简驭繁,包含着民族智慧,是语言中的佼佼者。希望中学生热爱祖国语言文字,从这本词典中体悟成语的表现力、生命力,提高思辨能力,写出有创意的好文章。

《文字的背后：33位中国作家敞开心扉》序[①]

当前的基础教育课程教材改革特别强调促进学生的发展,提高学生思想道德素质和科学文化素质,特别强调要倡导学生自主、合作、探究的新的学习方式。要实现这个目标,学校教育责无旁贷,社会也须热诚关心,为此,出版一本适合学生需要、指引学生健康成长的书也就义不容辞。

《文字的背后——33位中国作家敞开心扉》是一本适应学生学习需要而编写的有阅读价值的书。它叙述了中国30多位现当代优秀作家的故事,从不同的角度和侧面反映了他们走向文学的道路,如何执着地进行文学耕耘,服务于社会的动人事迹。眼下急功近利思想作祟,学习、工作,心气浮躁,急于求成,这对青少年学生认识事物、走向人生无形中产生负面影响。对有些事业上有成就的人,往往只看到功成名就的结果,对他们如何步履艰辛向前跨越,奉献青春与智慧,了解甚少。书中生动地讲述了这些作家奋发有为的故事,让青少年学生知晓艰辛的成长道路,对认识水平的提高,心灵世界的丰富大有裨益。读一读《穿越世纪的巴金》,那种"理想寻梦"的执着,数十年坚持不懈,那种"生命开花"的坦诚,"全部爱憎消耗干净",会令人心灵震撼。它无可辩驳地告诉我们：要成就事业,须燃烧自己,有真实的人格,要热烈地爱人

[①] 陆梅著《文字的背后：33位中国作家敞开心扉》(少年儿童出版社2004年版)。

民,在众人的幸福里谋个人的快乐,要有一颗悲天悯人的善良的心。

在我们这个社会主义市场经济还不成熟的社会里,对金钱的期盼,对名利的获取,有时简直是目迷心眩,忘却了作为人必须有人的精神上的追求、文化上的需要。在这方面,青少年学生由于年龄和学习环境的局限,不可能有丰富的直接经验,大量的须从阅读作品中感悟、获得。优秀文学作品不仅能帮助学生开阔视野、增长见识,而且能启发他们认识自然,了解社会,品尝人生。人要诗意地居住在地球上,除了为生存与发展、为社会的进步与繁荣付出努力外,精神生活十分重要。而精神生活的高尚、美好,离不开优秀中外文化的滋润,离不开佳文美什的熏陶感染。《文字的背后》引导青少年学生对文学作品发生兴趣,进入作品中描绘的纷繁复杂的世界,结识作品中形形色色的人物,体味苦难,享受快乐,长此以往,这些青少年读者心会明,眼会亮,思想情感丰富起来,心灵世界充实起来。

《文字的背后》有助于青少年学生自主学习语文,提高读写能力。这些作家有不少优秀作品被选入中学语文教材,有的还不止一篇。要读好这些教材,深入理解内容的精髓和语言的精湛,不仅要热情地和这些作品对话,反复推敲语言文字的表现力和所表达的情和意,而且要主动和作者对话,了解他们各自的写作意图,了解他们是在怎样的背景下创作的,他们思想发展的轨迹如何,创作中有哪些欢乐与痛苦。作者的情况了然在胸,作品的来龙去脉一清二楚,阅读就不会再浮在表面。查阅资料,思考琢磨,品味探究,讨论交流,学习就会往纵深发展。洞悉作品底里,有自己独特的体验与感受,学习质量也就随之提高。读是吸收,写是表达,读得广泛,读得深入,心中有文化积淀,笔下就会滔滔滚滚,写出文情并茂的好文章。

有些青少年学生喜爱舞动笔杆子,拥有美丽的文学梦,这样的同学更可以读一读这本书。书中风格迥异的作家创作的历程会给你以深刻的启迪和不尽的遐想。

文学需要青少年,青少年需要优质文学。《文字的背后》搭建了一座有意义的桥,走过去,就能逐步进入文学宝库,欣赏奥妙无穷的珍宝。相信青少年会喜爱这本书,兴奋地走上这座桥。

《我的夜光杯》序[①]

生活丰富多彩,充满绵绵的情思,温馨的气息,读了王镫令老师的《我的夜光杯》书稿,我更加坚信不疑。

认识王老师是从读《新民晚报》上"夜光杯"登载的文章开始的。王老师勤于笔耕,生活中看似平常的一件件小事,在别人的眼皮底下往往流逝得无影无踪,不留下半点痕迹,而他却善于捕捉,从城市到农村,从学校到新村,从娃娃到老人,从街头巷尾到名胜古迹,用敏锐的目光多彩的笔,勾勒出人生百态。仔细品味,或喜,或忧,或忍俊不禁,或长叹深思,增添了生活的趣味,也增添了认识社会思考人生的分量。

从王老师"多彩的生活""多情的思考""多味书屋"200多篇短文中,我悟到了一个道理:教师,尤其是语文教师应是精神世界丰富多彩的人,而且能用一支灵动的笔来描绘生活,抒发真情。教师的形象恐不应是整天绷紧面部肌肉一本正经教育学生的样子,也不是一提到写文章就必须是名词术语一套又一套的所谓教育论文。教师课余完全可以有自己的精神生活,发现生活中的真善美,爱护、支持、颂扬;对污泥浊水、丑恶现象,厌恶、揭露、抨击,弘扬正气,伸张正义。手中的笔不一定都要写鸿篇巨制才有价值,哪怕是短文,只要真挚的感情、美好的感情寄寓其中,思想又鲜活灵动,就能给人以启迪、以快乐,赢得读者的共鸣。

[①] 王镫令著《我的夜光杯》(文汇出版社2005年版)。

这就是生活中不可缺少的带着晶莹露水的动人的小花,色彩斑斓,多姿多彩。

从《我的夜光杯》中我还看到了王老师写文章是在享受生活,品尝生活的甜蜜。《江边站着一个小姑娘》用特写的镜头给小姑娘塑像,几分凄苦几分愁,引发人们对教育问题深层次的思考,表露的是作者一颗善良的心、恻隐的心。而写家庭的温馨、师生的温情、故乡川杨河的热恋、人文景观的魅力,更是议论精到,情溢纸上。纸上是文字,脑海里是生动情景的回放,不言而喻,乐在其中。把笔耕作为责任、作为欢乐的人是幸福的。

王老师的随笔、小品结集出版,嘱我写序,我遵嘱写了以上一些话,以表示对他的衷心祝贺。

新苗破土　生意盎然[①]
——《高手作文 100 篇》序

　　翻阅《新读写》编辑送来的"新人物"栏目复印件，一棵棵文学新苗以其独特的风姿展现在我眼前，鲜活、可爱、清纯之气扑鼻而来，欣喜之情充盈胸际。

　　文学就在我们身边，它就像空气一样无所不在。人不是只有物质欲望的低等动物，有精神上的需求，追求善良、高尚、自由、宽容和爱满天下。追求心灵的纯净美好、道德的完善高洁，是做人的上线，也是人之所以为人的根本性标志。对此，文学担当了重要的无可替代的作用。学生时代热爱文学，亲近文学，走进文学，是对理想生活的憧憬，是对人生价值的思考，是真挚感情的倾吐，很少有功利色彩。这在当今炒作风靡，包装炫目，而文学本身却荒芜的情况下，是多么难能可贵。毛嘉伦同学说得好："我从来不会强迫自己写作，我想写作的时候，是任何人、任何事情都阻拦不了的。因为我的思想'满'了，要'溢'出来了，所以我必须写作，把思绪留住，不能让它溜走。"这是对文学真正的喜爱，不是为了某种目的而硬写硬挤、胡乱编造。吴丝丝同学更是直白自己的心声："再也不会功利地、单一地把文学作为生活的敲门砖，开始真正热烈地喜欢着我们伟大祖国的文字，并愿意为此努力一生。"

[①] 乐芙编《高手作文 100 篇》(上海远东出版社 2006 年版)。

文学不是游戏,起点要高,要有大境界。所谓"高",所谓"大境界",不是要自己拽着头发离开地球,写些虚幻的、不着边际的泡沫文字,而是要站在现实世界,追求精神超越。大学者王国维说:"眼界始大,感慨遂深。"学生作品可以写自己的每一次感动,这种感动是真切的、真挚的,是思想上的爬坡。它不是囿于"小我",孤芳自赏,自我作秀;也不是小女人文学,卿卿我我,张家长李家短,喋喋不休;而是面对现实,关怀社会,审视心灵世界。葛圣洁同学小小年纪就敏锐地洞察到一些"同有花季般的年龄,却丧失了一份世间最珍贵的父爱或母爱,忍受着寂寞和感情上的煎熬,用自卑代替自信,用泪水代替笑容"的花季女孩们不一样的生活状况。通过两年多风雨无阻的材料收集和素材挖掘,在暑假休息时间,写下了一本反映这群"特殊群体"鲜为人知的不幸遭遇的小说——《爱是永远的——少女的呼唤》。在创作过程中,作者不仅要经受同龄人所没有的孤单和寂寞,而且还经常为主人公的悲惨遭遇而热泪盈眶。这种感情如同她的名字一样,是"圣洁"的。放眼古今中外的文学大师,哪个不具有悲天悯人的博大情怀?从恻隐之心、关爱之情起步,路子就走正了。

　　文学创作表现的是作者个人的特点与思考,是"我",而不是"我们""大家",是自己独特的视角,独特的体验,是自己个体的审美意识、审美品格,因而文学创作须个性化,离开了创作个性,谈文学是一种奢侈。这些热爱文学的新苗也深知这一点,他们根据自己的成长环境,自己的性格,自己的学习经验,自己的兴趣、爱好和特长,营造独具个性的作品内容、作品框架、作品语言,浏览一番,颇有"乱花渐欲迷人眼"的感觉。有的似乎洞明世事,讲述《穷国教育,出路何在》时,列举数据,慷慨激昂;有的在细心酿造自己的"蜜",或以歌者的语言吟咏,温柔甜美,或又笔锋犀利,痛快淋漓地批驳;有的有山水情怀;有的从下厨"煮饭"中获得启示,"煮字"要原料配得好,煮得得法;有的仿佛已品尝人生百味,

《曲终人未散》,下笔老到,言犹未尽……一篇篇看来稚气未脱的文章,是一道道鲜亮的风景线,它们蕴含着创作者的理想、情怀、追求、向往,尽管千姿百态,各有特点,但又聚焦在"少年心事当拿云",意向高远,令人欣慰。

爱好文学,当然"爱好"十分重要,但又不能仅在"爱好"上停留,做一般的欣赏客。要在爱好文学上真正有所作为,需要建设一个强大的自我。因为文学须个性化,故而必须有一个博学多闻、能思考、善判断的自我。如果孤陋寡闻,无见识,思想浅薄,就无法写出像样的作品。我们这些文学新人这方面也很有悟性,不约而同地都在读书上下功夫。读唐诗宋词,读古今中外经典作品,广为涉猎。有的喜美术,对色彩、线条、块面似乎情有独钟,特别敏感;有的喜音乐,俨然是个音乐评论家。汤玫捷同学在她的高二随笔《当古尔德遇上巴赫》中很有自己的见地。她说:"很多人会觉得巴赫的作品过于平淡、理性,可是我一直觉得,巴赫是激情的。正如有一种激情是不经意的冲动和最有规律的和谐,巴赫是最能让演奏家和欣赏者突然吃惊、经常吃惊的一个极富有内涵的作曲家。"她又说:"古尔德终结了一个演奏巴赫的时代。他独特的琶音演奏方法和爆发式又不失谨慎的触键方法,将巴赫作品诠释到了一个高度。古尔德的巴赫演奏对于中国古典音乐爱好者有特别的冲击,这和我国早期所有巴赫的演奏谱都来自苏联版本以及我国大多数演奏家的演奏方式都为大钢琴的传统演奏不无关系。"引述这两段话的目的意在说明无论喜爱什么(优美的而不是污浊的,高雅的而不是鄙陋的),都要用眼睛看,把握特征,纤毫不漏;要动脑子想,洞悉奥妙,不人云亦云;要善于联系推断,纵向剖析,横向比较,定位准确。读书不是"对书",对着书,往往书是书,我是我,食而不化,终无大用。读书要走进书中,走进作者心灵世界,去比较、感受、评论、吸收。读书更需"裂变",举一反三,举一反十,书中养料就能滋养自己成长。爱好文学的青少年既要从经典作品中吮吸思想精华、语言精粹,吮吸卓越的智慧,又可博览群书,开阔视野,"杂"得丰富,"杂"得有主心骨。

《新读写》的"新人物"栏目为破土而出的文学新苗搭建了展示才华的平台,又邀请了众多作家、老师为新苗培土、浇水,促使新苗茁壮成长。对爱好文学的青少年而言,这是一种温馨,一种幸福。社会的关怀,前辈的哺育,真情可掬,应牢记心怀。

"著名中学师生推荐书系"序[①]

读书对人生建树的重要性,中学生均略知一二,有的理解得还比较深刻。难的是如何把认识化为行动,使书(当然是精品、佳品)成为自己的亲密伙伴,深深地爱,从中吮吸养料,滋润精神成长。

怎样才能化解艰难,养成读书的习惯？首要在真正提高认识。行动受思想指挥,认识模糊、低下,行动必然朝三暮四,摇摆不定。须知:读书是人独有的神圣权利。北大教授贺麟早在半个世纪前就语重心长地对大学新生说:人是能读书著书的动物。故读书是划分人与禽兽的界限,也是划分文明人与野蛮人的界限。读现代的书即所以与同时的人作精神上的沟通交谈,读古人的书即所以承受古圣先贤的精神遗产。读书即可以享受或吸取学问思想家多年的心血的结晶。所以读书是人类特有的神圣权利。认真咀嚼一番这段话,可思考的内容甚丰。人有文字,禽兽没有,文字承载文明,传久行远,恩泽后代。后代要继承文明,健康成长,进而发展创造,须臾离不开文字的杰作——书中的醍醐与琼浆。

然而,在当今生存的环境中,金钱至上,物欲横流,急功近利思潮泛滥,对中学生精神的成长构成了种种威胁。读书的意识淡薄了,读书的快乐消失了,嗜书如命的那份执着已属凤毛麟角,读书的神圣权利在不

[①] 黄荣华主编"著名中学师生推荐书系"(东方出版中心2007年版)。

知不觉中受到冷遇。责任在谁？求学不下功夫读书的局面形成,确实有多种因素,学业负担重,题海围攻围堵,难辞其咎。即使如此,中学生仍要坚定读书的信念,冲出不良气氛的包围,做一名爱书、读书、心灵充实、大脑富有的人。

有一种误解,认为做现代人,只要是电脑操作的行家里手,与键盘为友,需要什么资料,都可以搜索,可以下载,要花功夫读那么多书干什么。这不仅对"现代人"的内涵缺乏深入的探讨,而且太小看了自己。走向现代化的中国,迫切需要现代人去发展创造。现代人要求具有崇高的人格和道德观念,具有宽厚的自然科学、社会人文科学知识基础和自主求索、运用知识、创新发展、服务社会的观念和能力。或者说,要具有现代的文化心理素质,主体意识、进取意识和创造意识要能充分发挥。一句话,须全面提高素质。知识经济时代的到来,不是以某种能够运用的技术为基础,而是以整个知识进步为基础,因此,对人才的评价标准,主要不是看某一方面的技能运用,而是要看人才的整个知识的结构、知识的容量、知识的水平、知识积聚和更新的能力。也就是说,知识方面也需要综合素养。社会文明程度越高,对人的全面发展、道德修养、文化素养的要求越高。

全面提高素质重要的途径之一是读书。其他姑且不论,单是文学的辉煌殿堂对每一位有志青年都敞开着,只要有入深山探宝的精神走进去,你会受到清澈的思想、精辟的见解、深邃的洞察力、文字的生命力的感染,如行走在山阴道上,山川自相映发,使人应接不暇。

读书要慎加选择,决不滥读。而今,由于利益驱动,平庸的作品,乃至坏书,经包装与炒作,搅乱人的视线,以时尚、时髦诱惑年轻的读者。坏书犹如蓬勃滋生的野草,伤害庄稼,使庄稼枯死,它戕害人的思想、情感往往无影无形,令人受害而不自知。人不可能活200年,人生苦短,特别是青春年少的黄金岁月,更是应万分珍惜,不能让坏书、无益的书销蚀自己的青春。有人说得好：单靠报纸和偶然得到的流行文学，是学不会真正意义上的阅读的；读，就必须读杰作。杰作常常不像时髦读物那么适口，那么富于刺激性，但那里有心血，有智慧，有学问，有价值，你在精神上能获得财富。

"著名中学师生推荐书系"的编注者不仅深知阅读杰作对青年人生建设的重要与必要，而且躬身践行，体会成长的快乐。为此，怀着对中学生的关心与爱护，从现当代经典散文的编注入手，引领大家与作品中的一个个个性极其鲜明的作家、伟人对话、交流，沟通心灵，认识他们的思想，感受他们的文采，体悟他们洋溢时代精神的人格魅力。

读书要虚心。无谦虚心理，狂妄自大，就难以入门，更不用说登堂入室。书中常会有"罅缝"，可深思，可探究，绝不是拿来审问的。当今读书有种倾向，不管什么读物，先"批"字当头，否定，贬斥，美其名曰自己高明，批判性思维强。殊不知这种阅读连浅尝辄止都谈不上，又怎能从阅读中收到成长的实效？经典之作不可能迎合你的思想，你也不可能轻而易举就完全得到其中的真谛。要想真心实意地得到他们的教诲，须进入他们的思想，辛苦探寻，用力打凿，比较辨识，熔炼吸收。读书是辛苦的，而人也就是靠辛苦的陶冶而成其为人的。朱子说的"读书须一棒一条痕，一掴一掌血"的执着追求的读书精神，在现代社会仍然闪发光芒。

祝愿中学生朋友在学业繁重的情况下，挤时间阅读编注的这套经典丛书，集众人之精气神，打好做现代中国人的文化基石，为明日的发展蕴蓄充足的底气。

《托起一抹绿色》序[1]

和柳泽泉同志交往已 20 余年,那是在 20 世纪 80 年代上海中等师范学校办学的鼎盛时期。

他给我印象最深的是他那支笔。他虽多年从事学校行政工作,但对语文教学情有独钟,尤其是写作教学。不仅自己有一支生花妙笔,对语文教学质量的提高发表许多真知灼见,给同行以启发,而且倾注心血指导与组织学生认真练笔,写好作文,正确运用语言文字绘写自然景物,描写社会人生,抒写自己的心声。对祖国语言文字的热情、热爱、执着追求,犹如火种,撒播到学生的心中。学生写作的积极性高涨,参加作文竞赛,参加征文比赛,优秀作文不断涌现。柳泽泉同志把优秀作文编辑成册,一本本出版,让学生看到学习语文的成果,感受到求知的快乐。

语文教学中常见的情况是:教师要求学生阅读,要求学生习作,苦口婆心,不遗余力,可有时效果不理想,读写能力未能明显提高。原因可能不少,但教师的身教示范也是原因之一。教师工作繁忙,琐事缠身,疏于阅读,懒于动笔,几乎成为习惯。天长日久,笔就越来越沉,怕字当头了。柳泽泉同志精心实践,善于思考,勤于动笔,写作热情、写作能力辐射到学生身上,学生深受其益。师生互动,乐在其中。

---

[1] 柳泽泉著《托起一抹绿色》(文汇出版社 2008 年版)。

柳泽泉同志把陶行知的"国家把整个的学校交给你,要你用整个的心去做整个的校长"作为自己的座右铭,全身心地投入校长工作之中,从全校师生的内在需要出发,创建学校的良好业绩。光明中学地处上海最繁华的地带,西方文化的吹擂,商业交易的喧嚣,金钱至上的包围,对学校教育构成严峻的挑战,尤其是德育教育的落实,十分艰辛。柳泽泉同志和学校领导、教师齐心协力,创造性地筹建德育地图,引导学生广泛地与全国各省市开展联系,进行沟通,接受教育。开展这项工作牵涉方方面面,难度可想而知。但举步以后,学生的国家意识增强,对中华文化的认同增强,祖国牢记心中,真切体会到什么是责任,认识到青年时代应立志担当起公民的责任。

柳泽泉同志对教育事业执着追求,对语文教学倾注心血,值得尊敬;他的谦虚、诚恳的品德也是我学习的榜样。谦虚是人的美德,对教师而言,这一点尤为重要。面对个性各异的学生,要教育他们成长、成人、成才,不仅是科学,而且是艺术。自己所知有限,必须谦逊好学,不断提升育人的本领。志足意满,就会视而不见,听而不闻,堵塞进步的道路。柳泽泉同志几十年如一日,谦虚好学,在不同岗位上均作出成绩,受到同行赞誉。交友贵"诚",教学生同样贵"诚",柳泽泉同志待人接物、教育学生一片至诚,继承和发扬了中华文化中为人处世的优良传统,这在当前情薄诚失的状况下,更是难能可贵。

而今,他把自己用心做校长、钟情语文教学、杏坛走笔等思考与体会,结集出版,对成长中的青年教师定会有很多启发。祝愿这本《托起一抹绿色》能得到同行们的青睐、社会的重视,绿满山川。

《阅读教学田野研究》序[①]

为了提高语文课堂教学质量，公开课、研究课的评析已成为课后必不可缺的重要环节。

最初，教师对听课有兴趣，总想从中学到一些"新招式"，以开阔思路，活跃思维，并努力拿来为我所用。课结束，拎包离去。因此，听课，济济一堂；评课，零零落落。后来，不少教师发现，评课的作用不比听几节课逊色，如果评得恰当，评在点子上，甚而高屋建瓴，往往令人有茅塞顿开、豁然贯通的快乐。于是，课结束，有些教师立即涌到前排学生原来的座位，聆听专家、同行发表高见。语文教师这种对语文教育事业的专注与探讨，值得尊敬与称赞。

课后的评估、评析不是雕虫小技，而是一部内容十分丰厚的大书。它包含了语文本体知识、本体能力的掌握与运用，包含了对中华优秀传统文化及人类进步文化的认知与理解，包含了哲学层面、心理层面的思考，包含了教育理念、教育原则、教育方法的探索与推敲。一言以蔽之，评课实质上是文、史、哲、教综合能力的展现。

评课有三"怕"：一"怕"漫无边际，不痛不痒；二"怕"指标林立，支离破碎，见"分"不见"课"；三"怕"片面褒贬，脱离教学实际。评课的目的重在分析研究，鼓励进步。站在理论与实践结合的高度对课的总体、局

[①] 谭轶斌著《阅读教学田野研究》（上海教育出版社 2008 年版）。

部乃至细部进行评说,探讨教与学的规律。课好在哪里,为什么好,不足在何处,原因何在。真诚,中肯,具体,实在。评者满怀希望,执教者心里热乎乎,前进更有动力,更有方向。不在分数上纠缠,不在名次上捣鼓。在研究解读文本、教学生学会学习上下功夫,不仅能有效地提高教学质量,且是教师在教学实践中进修、提高的重要途径。

谭轶斌老师的《阅读教学田野研究》在评析课方面有明显的突破。它不是一般意义上的评说课的是非优劣,而是探讨语文课中所遇到的各种各样的问题,如何从"事实层面""技术层面"与"价值层面"去认识,去理解,去改进,去提升。

首先,材料鲜活。近50个"教学现场"的截取几乎覆盖了中学各个学年段与各类文体的教材,通过这些"点"的剖析、探究,可了解语文教学的"面",把教学中意识到的或尚未意识到的种种问题凸显出来,启迪执教者思考。一个人的教学不论怎样精心,总有其局限性;众多教师教学现场汇聚,一人一思路,一人一做法,眼界、思路就可大开,思考问题的深度广度就会在不知不觉中获得提高。

其次,平等对话。一般性的评课,往往是评者讲,教者听,很少有教者解释,对评者说的意见持不同看法,而争辩、反驳更是罕见。本书采用的是观课者和执教者平等对话的方式。观者就观课所见,或提出问题,或谈某点体会,与教者共同探讨。观者有对文本的独特看法,教者可就此开展讨论,各抒己见,互相促进,互相补充。研究中有评论,评论中有研究。双方积极性高涨,智慧火花撞击,文本解读、教学实施向纵深发展,对课的认识向前大大跨越。

再次,也是本书最为闪亮的,就是观者与教者探讨的内容。针对每一个教学现场显现的实际状况,选择某一角度加以探究。探究时不是简单地评是说非,而是多维度生发的、立体的、辐射型的,读者可各取所需,从中获得借鉴。例如首篇《有人会,登临意》,标题就用了心思。辛弃疾的《水龙吟·登建康赏心亭》上阕结束句"落日楼头,断鸿声里,江南游子。把吴钩看了,阑干拍遍,无人会,登临意",空有报国之愿,恨深愁大,即使悲愤地拍打着亭子上的阑干,可又有谁能领会他郁结心头的抱负与报国无路、壮志难酬的悲愤之情呢?因而,"登临意"是"无人会",没有人理解、领会,没有人是他的知音。而今,读杜甫的《登高》,"登临意"是"有人会",有人理解,有人领会,有人做他的知音。

怎么"会"?由此引出"经典作品圆形结构"的话题,提出对不同学习层次的学生应建构不同的学习内容,以符合学生的实际需求。讨论该问题,重点放在初中,因教学现场是初中,小学、高中仅粗略说一说。既要理解、领会,如何品读诗句、体验诗情就是学中应有之义。于是举例启思,引述学者研究成果,让读者懂得古代经典作品,离开了知人论世、知世论人,不可能深入作品之中,赏析到作品的真味。杜甫的《登高》诗看似空间意义上的登高,实则是诗人心灵的登高,以外表内,以内传外,内外胶合,老病凄苦,国难家仇,铸就了这首千古绝唱。此外,如《水的载歌载舞使鹅卵石臻丁完美》《语文教师万不可与小贩为伍》等,均各有特色。一花一世界,一个场景一道风景,一番对话一份文化,一丝哲理一点教艺,娓娓道来,打开一扇扇窗,透进令人喜悦的亮光。

这本书是教学现场研究的起步,希望给第一线的语文教师带来启迪与欢乐,更希望第一线的教师积极参与教学现场的研讨,把这大众的语文教育学推上新的台阶。

《读懂中国》序[①]

人有了脊梁骨,才能直立行走;人有了精神支柱,才会心胸开阔,志存高远,做个堂堂正正的人。国家、民族也是如此,有了坚不可摧的精神,虽历经内忧外患,仍能昂首挺立于世界民族之林,为人类社会做贡献。我们伟大的祖国就是杰出的榜样。

精神从何而来?文化。中国人的民族精神,来自源远流长、博大精深的中华文化。

鲁迅先生在《中国人失掉自信力了吗》一文中极其精辟地指出:"我们从古以来,就有埋头苦干的人,有拼命硬干的人,有为民请命的人,有舍身求法的人……虽是等于为帝王将相作家谱的所谓'正史',也往往掩不住他们的光耀,这就是中国的脊梁。"这些"苟利国家生死以"的中国脊梁,无不是中华优秀传统文化哺育的结果。

5 000年来,我们的祖先用自己的辛劳、意志、智慧、品质创建了具有自己民族特质的中华文化,一代代薪火相承,历久不衰。这座文化宝库硕大无比,其中精粹琳琅满目,美不胜收。只要怀着进深山探宝的心情去寻觅、去阅读,浓浓的民族情思就会扑面而来,至圣先贤的深邃思想、精辟见解就会如清泉喷涌到你的心田,使你心窍顿开。

遗憾的是,我们中小学生对自己民族的宝藏知之甚少,对学习它、

[①] 陈刚、陆惠芳主编《读懂中国》(上海远东出版社2008年版)。

读懂它的重要性、紧迫性还缺乏真切的体会。再加上所处的文化环境纷繁复杂,外来文化、娱乐文化、低俗文化乃至垃圾文化,伴随着声、像、色的喧闹,冲击学生的视觉、听觉,搅得心烦意乱,迷失方向。青年学生缺少生活阅历与文化积淀,文化判断力差,有时良莠不分,鱼龙混杂,照单全收,甚至错把腐朽当神奇,心灵受到污染和损害。目睹这种状况,有识之士无不焦虑。民族文化是民族的根,一个没有文化根基的民族是没有希望的。一名中国学生不经历中华文化的学习、熏陶、洗礼,就会目光短浅,胸无大志,失去精神支撑,难以成为有用之材、栋梁之材。

《读懂中国》正是适应当代中小学生健康成长的迫切需要而编写出版的。中华文化经典浩瀚如海,这部读本以独特的编辑视角,科学地选取最基本最精要的呈献给读者。它深入浅出,图文并茂,生动活泼,穿梭古今,中小学生读者定会乐于亲近,欣然阅读。

中华优秀传统文化必将提升人的素质,陶冶人的品格,赋予人一种内在的大气与高贵。中小学生潜下心来阅读这部读本,坚持数年,就会惊喜地发现自己已增添了前所未有的厚度与高度,享受到茁壮成长的快乐。

"于漪新世纪教育论丛"小引[①]

　　学校教育质量的关键是教师的质量。教师的德、才、识、能素质全面提升,就能目标高远,底蕴厚实,智慧喷涌,视野开阔,在教育教学工作中如鱼得水,冷暖自知。显然,在新世纪教育事业发展及教育改革推进中,教师队伍的培养是头等重要的大事。

　　教育工作是以人格塑造人格、以情操熏陶情操的高尚事业,任何行政命令、规章制度、传播知识的信息工具都无法替代。教师是教育理想与教育现实的转化者,是先进的教育理念与教育实践的转化者,是教育改革成败的关键因素。教师是太阳底下永恒的职业,肩负着教书育人的神圣使命。我这名在教育园地耕耘了半个多世纪的语文老教师,梦寐以求的就是青年教师新竹展枝,生气勃发,中年教师青松挺立,枝繁叶茂,顶起语文教育事业一片天,传承中华优秀文化与人类进步文化,创造基础教育领域母语教学的辉煌,恩泽莘莘学子。

　　基于这样的认识与愿望,近些年来我用相当精力注视和研究当代教师的成长与发展。上海市语文名师培养基地和上海市教师学研究会在教学实践和学术讨论研究中涌现出一批热爱教育事业、钟情语文教学的中青年优秀教师,大家志同道合,成立了研究当代教师的成长与发展的课题组,并决定以我这名老教师的成长为案例进行剖析,从个性中

[①] 于漪著"于漪新世纪教育论丛"(广西教育出版社2008年版)。

寻找有价值、能反映成长规律的共性，为教师队伍建设提供有益的思考与某些具体的做法，激励青年教师快快成长，希望教育战线早日人才辈出。

课题组的中青年优秀教师翻检了我新世纪以来发表的文章，收集汇总了我在多种场合的报告与讲话，归类整理，筛选研究，编辑成"于漪新世纪教育论丛"，用主题词方式呈现，分编成六册——《呐喊》《坚守》《超越》《凝望》《启智》《反思》。书中所选文章多为我近年来的教育实践体会，是反复思考所得。虽是心灵倾诉，但平平常常，无甚高见。值得谈论一二的不过是生命与使命结伴同行的对教育、对语文、对学生的赤诚与执着。

我总觉得教师要促进学生的成长、成人、成才，自己必须仰望天空，脚踏实地，激情似火，师爱荡漾。语文专业技能技巧必须过硬，这是优秀语文教师的底线，但如果目光短浅，视野狭窄，胸中无国家无世界的风云，缺少紧迫感和忧患意识，内驱动力就会衰退，有的甚至会把技能技巧堕落为谋私利的手段，损坏教育的形象。语文教师要脚踏实地，一步一个脚印，用勤奋与韧劲磨出一堂堂优质的课，磨出学生母语学习的喜爱之情和良好效果。千万不能炒作，花里胡哨空中飘。教育事业是爱的事业，母语是我们的精神家园，学生是我们的希望、我们的未来，只有激情满怀，鼓足生命的风帆，才能做到清醒地勇敢地与影响青少年学生健康成长的不良现象抗争，在他们心中撒播知识的种子和做人的良种。母语教学是高难度的，渗透着人的感情与人格，培育学生成长十分艰辛，来不得半点疏忽与懈怠，需要坚忍不拔的意志和经久不衰的热情。

课题组的中青年优秀教师结合自己的教育教学，对上述教师成长发展中的种种因素进行深入的了解、分析、研究，形成独特的见解，并撰文作精彩的论述，编入书中。从基础教育的宏观视野，到读写能力的微观指导,立论清楚,有理有据,条分缕析,情真意切,大大增添了这套丛书的启发性和鲜明的色彩,更值得读者加以关注。对他们的辛勤劳动和不懈追求的精神,我致以诚挚的谢意。

祝愿这套丛书能给在语文教学第一线的青年教师增添奋然前行的些微动力。

《语文可以这样教——"于漪语文德育实训基地"教学案例》卷首寄语[1]

人是要有精神的,精神铸就人的脊梁。

语文教学中语言文字的表现力、生命力与民族精神水乳交融、交相辉映之时,璀璨的明灯就在课堂上冉冉升起,化为情思,震撼心灵,让人在精神上获得滋养与满足。

语文课堂是一个神奇的世界,是一种追求,一种情怀,一种社会担当。师生就在这当中品尝语言魅力,吮吸琼浆,提升素养,谱写人生华章。

生命教育是学生成长的内在需求,文质兼美的课文是作者生命的倾诉,将三者艺术地完美地融合,是语文教师的责任、智慧和创造力的发挥。

运用语言文字的魅力,营造生命涌动的课堂,唤醒学生的生命意识,引领他们体悟生命的珍贵,建构生命的信念,探求生命的真谛。

生命在解读文本中飞扬,语文教学美景如画。

优秀教师是在教学第一线"炼"出来的,这方面一定要下功夫。课既要教得一清如水,又要教得激情洋溢。有时如青松挺立,有时是花团

---

[1] 于漪主编《语文可以这样教——"于漪语文德育实训基地"教学案例》(东方出版中心 2009 年版)。

锦簇。不管采用何种方式,总要聚焦在唤醒学生学好语文的意识,激励他们学有兴趣,学有所得,学有追求,学有方向。德性和智性是生命之魂,教师以自己的智慧启迪、滴灌学生德性和智性的成长,就能品尝到人间的最大幸福。

《走过高中》序[①]

徐利老师把从教班级学生的日记结集出版,嘱我写序。我与徐利老师素不相识,但看到老师有这份爱心为学生出书,我很感动,就欣然应允了。

写作能力是一种综合能力,它反映写作者认识水平、生活经历、文化积累及驾驭语言文字的能力。学生写作能力的提高,绝非一朝一夕之事,也非纯技能技巧的机械操练所能奏效,需要的是脚踏实地,一步一个脚印地进行思想、文字双锤炼。坚持不懈地实践,学生增长见识,思维活跃,对生活中的人、事、景、物有自己的独特认识与体会,能真切感受到祖国语言文字表达情意的表现力与生命力,手中的笔就会灵动起来,思想感情就会如泉水汨汨流淌。

高中的学生与语文教师无不憧憬、无不期盼这织锦成文、气韵流畅的境界,而这种境界出现的基础在长年累月的有效阅读、精细观察、积极思考、努力积累。积累包括精辟的见解、深邃的思想、高尚的情操、生活的逻辑、事物的细节、优美精湛的语言等,从阅读经典、阅读美文佳作中吸取,从写作之源生活中吸取。为何积累?为何训练?方法很多,途径不一,写日记就是一种有效的方法。

徐老师选择组织学生写日记为写作教学的切入口,至少有以下一

[①] 徐利编《走过高中》(山东教育出版社2009年版)。

些优点可供借鉴：

一是消除学生写作的紧张情绪，激发写作热情，进入"我手写我心"的状态。学生写作文，有意无意会摆出"做"的架势，一"做"就要求"完美"，一"做"就会说一些自己也不懂的话，一"做"就会编造。越"做"越不如意，越"做"越紧张，乃至滋生恐惧心理。不具备常态心，是不可能写出文从字顺有思想质地的好文章的。写日记就是写每天的生活，自己的，自己看到的听到的想到的，从中选一点记一记，像喝水、吃饭一样，稀淡平常，无半点功利，紧张情绪不知不觉中消除，写作的热情也就随之而增添。

二是养成了动笔的良好习惯。文章是写出来的，离开了动笔写的实践，要想运笔成风，不过是梦幻而已。习惯成自然，而习惯要靠养成。养成必然有个过程，在过程中培养了观察的兴趣、思考的兴趣、辨别的能力、诉说的愿望，在过程中锻炼了意志，锻炼了恒心，逐步与散漫、随意、惰性告别。看似高中三年每天记日记是与语言文字打交道，实质上是语文素养的整体提高。养成良好的习惯，由写日记切入，促进了人的素质的提升。

三是融合了多种文体的写作，有效地提高了写作水平。书中所选学生日记不完全是生活片段，更不是简笔记点流水账，而是长短结合，整散结合，包容多种文体。叙事、写人、描景、状物、抒情、议论，有似随笔，有似小品，有似杂文，有似政论。这样的日记写作训练在记生活片段的基础上不断改进，不断提升，也不断提出新要求，如每周须写一篇结构完整的 800 字以上的日记。名为日记，实际上写作内容十分广泛，文字要求也颇费斟酌，各种文体写作均获得了锻炼。写日记的初衷是有效提高学生写作水平，经过几年锲而不舍的努力得以实现，令人喜悦。

这本日记集分八个部分，每名写日记的同学都有日记展现。日记集反映了学生理解和使用语言文字能力的提高,记录了学生的成长,更是珍藏了高中求学时期师生情、同窗情的美好记忆。每篇日记后教师的点评言虽简,但肯定习作者的进步、激励更上一层楼的拳拳之心洋溢纸上,也是颇值得咀嚼回味的。

祝愿这本日记集能得到同龄人的喜爱。

《中华经典诗歌鉴赏与诵读》序[①]

"中华经典诗歌鉴赏和诵读"是姚为洲老师为学生开设的选修课,现将讲稿结集出版,嘱我写序。为此,我将书稿阅读了一遍,有如杜甫在《上白帝城》诗中所说"一上一回新"的快乐。

中华文化博大精深,其中蕴含的精神瑰宝不计其数。就以古代诗歌而言,储存的宝藏就琳琅满目。上自天文,下至地理,万事万物,皆入诗中。做人的道理、秀美的景色、生活的艺术、高尚的情操、审美的趣味,应有尽有,对情感的熏陶、习惯的养成、精神的提升、人格的塑造,起着无可估量的潜移默化的作用。中学生要做现代文明人,阅读优秀的古代诗歌,用这些优秀诗篇打文化的底子,打做人的底子,底色亮丽,一辈子受用不尽。

古代诗歌多如天上的繁星,虽夜以继日,兀兀穷年,也难以采撷一二。在学习领域日益拓宽、新知识层出不穷的今天,学生如何在有限的时间里获得最佳的读诗效果,精选作品就显得特别重要。这本鉴赏和诵读的书给同学们提供了很好的条件。编撰者从诗海中筛选再筛选,精选了200首古诗,从周秦汉诗、魏晋南北朝诗,到元散曲、明清诗,都是佳品、精品,都是历经时间考验的最经典最脍炙人口的。窥一斑可知全豹,通过这些诗的阅读,同学们能了解古诗的特点,品尝到古诗的优

[①] 姚为洲编《中华经典诗歌鉴赏与诵读》(上海教育出版社2009年版)。

美、生动、醇厚、智慧。

怎么读最有效果,也是学生最关心的问题。本书抓住了两个要点,一鉴赏,二诵读。古人说过,"譬如日月,终古常见,而光景常新",优秀古诗即如此,常读常新,风光无限。为了让读者寻找入口处方便,本书先在每个单元前概括介绍这个时期诗歌的发展情况、重要诗派和诗人的特点、成就与影响;诗人名字均用黑体字标明,一目了然。有了总的印象,阅读时指向清晰,理解起来就容易得多。

一首诗从内容到表现形式、从感情到语言风格,可鉴赏的角度、层面很多,但作为一本书,由于篇幅的限制,不能面面俱到,只能抓住诗的最主要的特点进行剖析、探究。编撰者精心琢磨,选择最佳点赏析。一首诗分量不多,200首聚集起来,基本上构成了赏析诗歌的全貌。认真阅读,既能把握诗歌的共性,又能初识一个个诗人风格迥异的个性,既能悦目,更能赏心。

诗歌是诗人生命的冲动,感情的倾诉,反复诵读,就能心领神会,受到强烈的感染。只是近些年来,日常语文教学中对诗歌的诵读不够重视,或重在分析,或重在死记硬背。其实,诵读本身就可检测出诵读者对诗的理解程度,对思想感情的领悟程度。本书重视了这一点,在每首诗的诵读方面作了指导,便于读者提高诵读能力,增添诵读兴趣。当然,诵读也可以根据自己的兴之所至,信口悠悠。但无论采用什么方法诵读,都应节奏分明,感情充沛,读出诗情画意,让诗中景、诗中物、诗中人、诗中情在脑中浮现,达到心灵的沟通、情感的交融。

高山流水,源远流长,相信这本诗集能赢得学生读者的喜爱,成为你们的好伙伴。

传统经验与现代意识完美的结合[①]
——《张庆文集》序

朱家珑同志嘱我为即将出版的《张庆文集》作序,我深感惶恐。张庆老师是学富品高、在小学语文教育的实践研究和理论探索方面成绩卓著的专家,拙笔难以表述其辉煌业绩之一二,只能以学习张老师的点滴体会聊表敬佩之意。

初识张老师,始于接触江苏教育出版社的《义务教育课程标准实验教科书语文》(一年级上册)。清晰地记得当时一打开教科书,扑面而来的是汉语独特的美,母语浓浓的情,诗情画意,充盈其间。我惊喜万分,犹如步入画廊,山欢、水笑、鸟鸣、花放,一个个文字符号向我倾诉,盼我回应。置身于汉字文化浓郁的氛围之中,美不胜收。有人说:一个象形字,就是一幅画;一个会意字,就是一段故事;一个指事字,图文并茂;一个形声字,音像具备。这一点儿都不夸张。要把这方块汉字独特的美,在启蒙儿童的教科书中表达得淋漓尽致,赢得儿童的喜爱与欢欣,编写者,特别是主编,必然具备丰富的教学经验和广博深厚的学术修养。我作如是的推想和判断。果不其然,在一次推进教材实验区课堂教学改革的会上,张老师对教材、教学发表了许多真知灼见。我有幸聆听,才知原先在教科书中的认识实在肤浅。当面聆听,再读其他几册教科书,

---

[①] 本文发表于《七彩语文(教师论坛)》2009年第3期。

大大开阔了我的视野,提升了我的认识。

在长期的教学实践中,我深切体会到编教材的难处与苦处。特别是语文教材,基础性、教育性、综合性、实践性……不管怎么编排,怎么糅合,总有千人挑,万人评,说白了就是吃力不讨好。张老师思考问题脱离了这个低层面,而是高屋建瓴,在继承与创新上下功夫,以丰厚的汉语文化为坚实的背景,以行之有效的优秀启蒙做法为基石,以现代生活需要为标杆,追求独特,大胆创新,使教材面貌焕然一新,洋溢着时代的气息。语文学习要求学生从小就应养成良好的习惯,"为学贵慎始",其重要性不言而喻。习惯影响学习质量,乃至影响人生"底色",强调者大有人在,教学中认真实施的也为数不少,但将习惯的培养编成课文,进入教材,这是苏教版的首创,这不能不说是编写者的胆识与良苦用心。汉语拼音字母的教学历来有不少争议,教什么,怎么教,教到什么程度,看法不一,积累的经验也不少,但如何去枯燥、添趣味、减轻负担,恐仍然是需要共同探讨并力求解决的难题。经历了求索的困顿,张老师寻寻觅觅、坚持不懈,终于找到了突破口,把绘图、诗歌、汉语拼音字母三者有机结合起来,绘制汉语拼音字母表音表形图,创作"情境图""语境歌",大大拉近汉语拼音学习和儿童现实生活的距离,激发了儿童的学习兴趣,激活了儿童的想象天地。此项极富智慧的创新设计,一改传统拼音教材几十年不变的陈旧面貌,将抽象、枯燥的教学内容具象化、情趣化、人文化。

创新精神是这次课程改革的灵魂,张老师对《语文课程标准》的精神实质参得透、悟得深。他将传统经验与现代意识完美结合,创造出多姿多彩的学习字词句的生动新颖的教学模式,如同串识字、转转盘识字、成语歌等,无不趣味盎然,洋溢着生活的气息。这些精彩的设计源于对语文启蒙教育规律的洞悉与不懈的探索。张老师指出:"让儿童理解一个词语,实际上是借助自己的生活经验和语文积淀唤回他的直觉经验——也就是图像——来跟文章中的词语(指文字符号)相匹配,从而将信息激活,词语就理解了。没有相关的生活经验,没有图像,就很难理解。"他又明确指出:"我们过去一谈到识字,就是音、形、义,往往忽略了'像'。其实,在识字教学乃至词汇教学中,'像'是至关重要的。"关于读写结合,关于练习改革,无不充满了创造的智慧。既博采众长,又显现独树一帜的见解;既重视汉语教学传统的精华,加以吸取,又勇于思考现时儿童教育的特点,把握时代的脉搏,敢于发展,敢于创新。他对小学语文课程改革一系列理论上的阐述,言简意赅,言简意深,常给人以石破天惊、一语捅破天机之感,启人深思,引人反复咀嚼,并力求在实践中得以体现,有所进步,有所发展。

张老师在深化语文课程改革的进程中,总是适时地、有针对性地发扬课程实施中的优点,针砭违背课改精神的种种极端、偏颇、浮躁的做法,拨正航向,使语文课程改革健康发展。他的语文课改的"八字方针"——务本、求实、倡简、有度,在教学层面产生了巨大的影响。这些语文教学理论与实践的科学总结与升华,植根于对儿童的满腔热情满腔爱,植根于对语文教育事业的痴迷与执着追求。他的"减法思维",他的"削去冗繁留清瘦",他的"小语姓小",他的"布云说""熏屋说",他的念好语文"七字诀",他的"'长线'贯串始终,'短线'相机渗透,大小结合",他的"走一条生活语文的道路",处处留意学生的基础,处处留意学生的积极性,处处留意学生的内心需求与潜力发挥,真正把课程改革的核心理念——"以学生为本,以促进学生发展为本"落到实处,理念清晰,操作性极强。

深厚的文化功底和丰富的学养造就了张老师编写教材、推进课程改革的辉煌。最令我感动的是张老师读书、"煮书"的孜孜矻矻与写作的勤奋、坚持。读书不是"对书",如果终日读书,学而不思,学到的东西是有限的。冯至给茅盾的杂诗第十二首中有这么两句:"愧我半生劳倦眼,为人为己两蹉跎。"这是冯先生的谦辞,他是有成就的。然而,从这两句诗中可得到启发,如果只是"对书"而不思,那就只是劳倦眼睛,收获不多。张老师读书全然是沉浸其中,细心琢磨,反复咀嚼,在"化"上狠下功夫。三读《史记》,发现问题,提出问题,再自寻解答,体现反复推敲、用心揣摩的功力。对《聊斋志异》400多篇小说进行逐字逐句的推敲、释疑解难,对思考所得一一记录。治学严谨、勤勉,是教师的楷模。元代程端礼曾引果斋先生语告诫学子:"读书如销铜,聚铜入炉,大鞴扇之,不销不止,极用费力。作文如铸器,铜既销矣,随模铸器,一冶即成,只要识模,全不费力。所谓劳于读书,逸于作文者此也。"张老师读书销铜的功力深,因而,笔下多产、灵动,字句珠玑常如汩汩泉水喷涌而出。写得精彩,首先要读得深入,学得扎实,就这一点而言,特别值得青年教师高度重视,并努力学习,身体力行。

一位印度诗人曾这样说:阅读是恒河的水,我沐浴其中,得到神秘的体验。从水中走出,我已不是原来的我,我得到了新的生命。《张庆文集》是张老师大半生语文启蒙教育的心血结晶,是理论与实践结合的全面总结。它的出版问世必将带给广大语文教师神秘的体验,为教学生命增添巨大的动力与智慧。我为此深深地祝福!

《上海名师课堂　小学语文卢雷卷》序[①]

几年前,一位从事小学语文教育教研的同志郑重其事地对我说:"你什么时候去听听小学卢雷老师的课,上得不错,你听一听,看怎么样?"也许已形成本能,只要一听到青年教师课教得好,心里就激动。再说,长期教语文,有些词语很熟悉,姓名如果和某个词某个词组是谐音,一听就记住:卢雷——"如雷贯耳"。

2005年由于落实中共中央8号文件与《上海市学生民族精神教育指导纲要》的需要,我们开展了"民族精神教育、语文教学与教师成长"的课题研究,广泛地听中青年语文教师的课,研讨在语文课里如何紧扣知识的传授、能力的培养,融合民族精神教育,使新世纪课程改革的三个维度的教育交融,落到实处,培养学生的语文素养,促进学生的发展。有了这样的研讨机会,就与卢雷老师多次接触,听课,讨论。

2005年12月上海市教委教研室、上海市教师学研究会联合全国中学语文教学研究会和上海市中学语文教学研究会召开了"民族精神教育与语文教学"研讨会,全国16个省市教师代表参加。会上除中学教师上研讨课外,我们特邀卢雷老师上展示课,与中学教师交流。卢老师执教小学五年级的课文《开国大典》。课教得激情洋溢,学生学得主动、积极,读、说、听、写全神贯注,对课文的理解、体会常出精彩之语,令人

[①] 卢雷著《上海名师课堂　小学语文卢雷卷》(上海教育出版社2009年版)。

赞叹。文中所叙大典之事与学生时隔数十年,距离很大;教师精选关键词句,采用引读、激思、聆听、描述等方法,引领学生进入文中激动人心的场景,感受、体验、述说,一张张小脸兴奋得红红的,手举得高了再高,抢着发表自己的意见,真是美景如画!卢雷老师的施教之功获得与会者的一致肯定与赞扬。

  课上到这个份上绝非一日之功。卢雷自教语文以来一直琢磨着语文应该教什么,又应该怎么教,指导学生怎么学才能取得良好效果。一课又一课,一天又一天,日复一日,月复一月,年复一年,对语文教学的真谛有所理解、有所领悟。在带领学生学习的同时,也提高了自己的业务水平和教学能力。用他自己的话来说:教《人生的开关》,数次执教,课后反思时总有意犹未尽的感觉。反复推敲,名师指点,顿觉豁然开朗。再上这篇课文,流畅通达,享受到淋漓尽致的快乐。显然,教学质量的优质来源于教者孜孜不倦的追求与全身心的投入。

  三岁孩童映八十,启蒙教育的质量高下往往影响人的一辈子。基础扎得正,打得牢固,身心健康发展,在生活的道路上就会步履坚实地向前走。为此,小学老师的言教重要,身教更重要。儿童喜爱模仿,也善于模仿,教师的一言一行对儿童都会起作用。不是正面作用,就是负面作用,不可能是零作用。比如,课文要朗读得好,声音响亮,句读分明,普通话准确,不能总叫学生听录音。又如,字要写端正,笔顺正确,结构匀称,板书美观,给学生以美的熏陶。再如,配合课文的教学,信笔根据课文内容画简笔画,勾勒必要的线条、表格或人、景、物的形象,增强直观效果,帮助学生迅速理解课文,读懂课文。凡此种种,均为小学语文教师应具备的基本功。由于较长时间的锤炼,卢雷老师具备了这些基本功:写一手漂亮的板书,信手画简笔画,朗读抑扬顿挫,生动流畅。基本功扎实,语言规范多彩,为课堂教学的有效性既提供必要的条件,又增添学生学习的吸引力。

课堂教学是立体的,不仅师生互动交流,而且还佐以多媒体,声、光、色俱全。课堂教学实录是纸上的文字,看来是平面的,但平面中蕴含的是师生生命的跃动,聪明智慧的闪光,细品细思,可从中获得启发。卢雷老师集一些课文的课堂实录出版,提供小学同行研讨,是促进小学语文教学发展的好事。任何一节课不可能十全十美,既要充分肯定优点、特点,又可发现不足,思考如何改进。祝愿这本课堂实录获得读者的认可,发挥它在小学语文教学研究中的积极作用。

《守望杏坛》序[①]

我与小英同志在一所学校共事十多年。尽管我早已退休,但因语文教育事业与师资培养经常讨论研究,与往昔在校时几乎一般无二。小英将从教的认识与经验织锦成文,结集成书出版,嘱我写序,我由衷地乐意。

小英是一名典型的语文教师,数十年如一日孜孜矻矻,耕耘在语文教育园地,向学生奉献智慧,奉献青春。她为人朴素平淡,温文尔雅,遇事低调,从不张扬自己的成绩;真诚待人,团结同行,深得师生好评。

心中有学生,对学生满腔热情满腔爱,是小英从教生涯中的一大亮点。凡受教于她的学生,对她语文教学的认真及无微不至的关爱无不交口称赞。不说别的,在浮躁之风盛行的今日,还有多少教师能坚持一篇篇作文仔细修改,眉批总批?又有多少教师能经常对学生的习作面批面改?哪怕是高三年级大量的练习,也要一一订正,把让学生弄懂、学会落到实处,使学生真正受益。就拿一个细节来说,书中的《十分钟是金》描述了阴天、停电、离下课还有十分钟的课堂场景。针对阴天停电所造成的阴暗抑郁的教学环境与学生心情,教师抓住时机,在学生思维池水里扔下一粒石子,要求他们用一句话表达此时此刻自己的感受。顿时,池水激活,课堂生气升腾,学生七嘴八舌,妙语连珠。十分钟的解

---

① 陈小英著《守望杏坛》(上海教育出版社2010年版)。

颐行动,收获不菲。看似教学技能技巧,实质是爱生浓情浇灌的智慧花朵。

当今教师必须有相当程度的职业敏感,具有当代意识,跟随着时代奋力前进。这是小英从教生涯中的又一大亮点。教育的有效性来自教育的针对性。教学生学语文,绝不是墨守成规,一成不变,需要洋溢时代的气息,需要适应当代学生的内在需求。站在时代的制高点上,根据今日的育人目标、课程目标,继承与发扬经过时间检验有价值有意义的内容与方法,剔除经不起实践检验的认识与做法,给学生以充满勃勃生气的良好的语文素养的培养。由于长时间受习惯思维的束缚,对一些文章,特别是名篇的解读,许多教师不敢越雷池一步,往往把一些违背科学的定论奉为金科玉律,框住学生的思维,抑制学生独立思考。早在20世纪90年代,小英同志就清醒地认识到这个问题,呼吁语文教学要有当代意识,撰写文章表明自己的观点。她在文中引述古希腊哲学家赫拉克里特的名言"人不能两次踏进同一条河流",而语文教学的现状是中学语文教师几十年、几代人千百万次踏进几乎一成不变的同一条河流,并尖锐地指出:这种陈旧、滞后、与时代与社会脱节的教育现状限制乃至阻塞了语文教学最大限度发挥效能的通道。她主张语文教师的当代意识不仅应体现在文本解读、教材取舍、课堂结构等显性方面,而且作为一种观念,应无痕地渗透在与学生的每一次谈话,批改的每一篇作文,观课评课的价值判断,甚至在师生关系、师徒关系上。

她不仅撰写文章阐明观点,更是躬身实践,让学生感受思维的活跃与学习的乐趣。比如如何引领学生亲近鲁迅,是她心头一直思考、酝酿的问题。今天的中学生不喜欢鲁迅作品,进而也不喜欢鲁迅。如果语文教师不能把鲁迅的思想和精神的薪火传递到下一代手中,将愧对后人,愧对民族,愧对历史,也愧对鲁迅。站在这样的高度思考,她修正教学目标,重组教材单元,更新教学方法,以唤醒学生对鲁迅的亲近感,激发学习兴趣。小英语文教学中的时代意识在书中方方面面均有体现，这是难能可贵的。

　　加强人文素养、夯实文化底蕴伴随着小英语文教学的全过程，这是她教学生涯中亮色闪耀的根本原因。她不仅善教，在教学质量的不断提升中执着追求，更勤于学习，认真读书，涉猎广泛，博采约取，生活十分丰富。她紧扣专业，深入钻研，绝不浮光掠影，浅尝辄止，总有自己独特的看法。比如，审美情趣的培养与提高是语文课程标准中规定的应有之义。语文文本中美的因素大量存在，课上得情趣横溢，引导学生置身于美的内容、美的文字之中，受熏陶感染，审美价值就会落到实处。为此，语文教师必须努力提升自己的审美情趣。在《略论教师审美情趣的意义和价值》一文中，她明确指出：教师的审美情趣大体有文化底蕴、人本意识、艺术境界几个方面。并阐明：审美情趣有一个"品位"问题，检验审美情趣品位高低的一个重要标准，就是看其文化含量的密与疏、浓与淡、深与浅。审美情趣实质上是教师综合素质的外化。她认为对书的酷爱，"每一天都要用智力财富来丰富自己"，才能使自身变得更为高尚。鉴于这样的认识，她不仅有《教师的审美情趣》专著，而且爱读书，善读书，身上有书卷气。一堂堂课文化含量高，不断指引学生阅读的路径，学生耳濡目染，审美的品位、审美的追求获得提高。

30年教学生涯不寻常。书中汇集的心境、思考、信念、经验，折射出语文教育改革在一线教师身上的时代光影，青年教师认真读一读，定会受到语文教师工作意义与价值的深刻启迪，受益良多。

《启迪言语智慧》序[①]

应该是缘分吧,认识娟娟老师是在闸北区教育局举办的一次说课会上。这次说课主要探讨在学科教学中如何融合民族精神教育和生命教育。娟娟教小学语文,说的课是高年级的课文《黄河颂》。她给我的第一印象是沉稳,思路清晰,语言明白,解读文本有一定深度。后来,她试教这篇课文,我去听课,她基本能把教学设计意图付诸实施,并能根据学生学习情况有所调整、变动。课后评论,她能静心听取别人意见,再作改进。这堂课后向全市公开,市委市府领导来听,教者精心,学者主动活泼,获得一致好评。

此后,她上公开课或研究课,遇到问题常电话询问或当面探讨,对她勤奋好学、执着钻研,又有了新的认识。日前,大宁国际小学徐晓唯校长与她同来,带来陈娟娟的《启迪言语智慧》书稿,嘱我写序。翻阅书稿,深感她20年辛苦不寻常,一步一个脚印往前迈,一点一滴重积累,用心从教,把心扑在学生身上,令我感动。

书同其人。书是"教学思行录",文字书写的所思所行,就是教学生涯中的活生生的影像,思导行,行促思,互为伴侣,不断提升。

"始终把学生放在心上",是为师者的第一要义。有一种习惯思维就是见书不见人。解读文本,写好备课笔记似乎已成竹在胸,上课只要

[①] 陈娟娟著《启迪言语智慧》(上海教育出版社 2010 年版)。

力求完成原先的教学设计就行,至于对学生的研究,花的功夫恐怕就微乎其微。课不是只教在课堂上,教在课堂上就会随着教师声波的流逝而销声匿迹;课要教到学生身上,教到学生心中,成为他们智能、素质的一个部分。为此,必须潜心研究他们的基础、能力、兴趣、爱好,研究他们的所思所想,身心需要。对他们知之准,知之深,教学的针对性才强。教学的有效性来自教学的针对性,因为减少了盲目性,去除了无用功。陈娟娟力求做到教学自始至终把学生放在心上。《启迪言语智慧》整本书,从第一章"以生为本,启迪智慧"始,至末章"革新评价,促进发展"终,章章节节在阐述语文教学的认识与做法,而章章节节又是研究童心,研究儿童学习兴趣,研究儿童质疑能力,研究儿童感受体悟,一言以蔽之,聚焦在儿童如何学语文、学好语文、获得发展,不是脱离儿童实际,飘在半空,或是一堆蛊惑人心的名词术语。

书中专门用了一章探讨"问题驱动,释放疑惑",这是语文教学中值得重视的问题,也是陈娟娟课堂教学中的亮点之一。学源于思,思源于疑。疑是思之始,学之端。要学得知识,就得思考,而面对所学的内容产生疑问则是思考的开端。疑是刺激学生积极思维的诱因,激发学习的动力。教学要生动活泼,教有成效,就须十分重视激发学生的求知欲。求知欲从某种意义上来说,就是解疑欲,解惑欲。可惜在我们的语文教学中,传授知识十分重视,学生的思维训练、生疑、质疑、辨疑、析疑的能力培养,未放到应有的位置。语言训练与思维训练应放到同等位置。如果只注意语言的表层训练,不注意启发学生积极思维,读,就会有口无心,说与写就会言不及义,语言当然也就不可能真正理解与正确应用。陈娟娟教学经常以问题驱动,激发学生发现问题,提出问题,并引导学生从他们的学习经验和生活经验出发对问题进行辨析,寻找解决疑难的途径与方法。为此,课堂里发言踊跃,虎虎有生气。她曾遗憾地对我说:"有次同行来听课,说学生可打 100 分,问题又多又好,我只能打 80 分,有点招架不住,这才是三年级的学生啊!"我倒觉得不应遗憾,而是应该高兴。因为培养已初见成效,学生初步懂得了阅读的门径,独立思考,产生疑问,进而寻求释疑的办法。这正是自学能力培养的起始。打下这个基础,学生的学习就不会囿于教师预设的框框里转,不敢越雷池一步,而会有所突破,寻求更多的求知精彩。

思维是教师的必要基本功,一名不会思考、不善思考的教师只能是人云亦云,对语文教学中的复杂现象总是理不出头绪,辨别不清正误优劣。在现时代从教语文,更是要头脑清醒,辨别力、判断力强。因为蛊惑人的口号很多,漂亮的名词术语一大串,弄得不好,就会跟风追风,随波逐流。教师从教要有定力。小学语文教师从事的是小学语文的教育,是非专业方向的基础教育,是给学生打语言文字基础和做人基础的教育,是引导他们学会学习、学会求知的教育,不是琐细研究、赏析文本的教育,更不是字字推敲、精心应试的教育。面对各种各样外来的信息,须前思后想,比较利弊得失,从学生的实际出发,紧扣语文课程的性质、功能作出正确的判断,并付诸实施,作一点改革的试验,逐步形成自己教学的个性。在这方面,陈娟娟也做了有益的尝试。先思后行,先行后思,边思边行,在思行互伴中获得进步与发展,探索小学语文教学的规律。

希望《启迪言语智慧》成为娟娟老师教学的新起点,希望更多的小学语文教师在思与行上下功夫,努力提升教育思想,创造教学新业绩。

《上海名师课堂 中学语文黄荣华卷》序[①]

也许是缘分吧,一个偶然的机会,市教研室语文教研员组织几位中青年语文教师说课、上课,研究学科教学德育问题,邀我参加,我有幸认识了朝气蓬勃的黄荣华老师。当时他给我印象比较深的是解读课文有自己独特的看法,不流于一般的程式;有深度,不在文章表面飘浮。

在有16个省市教师参加的"全国民族精神教育与语文课堂教学研讨会"上,黄荣华执教了《愚溪诗序》。这堂展示课内容厚实,信息量大。就"愚"和"智"的问题进行探讨、辩论,学生侃侃而谈,教师借助多媒体手段旁征博引,为深入认识推波助澜,在强化语言和思维训练的同时,民族精神、优秀文化渗透到学生的心中。听课老师说:"有收获,学到了东西。"而我却泼了一点儿冷水:"那是复旦附中的学生,一般学校的学生理解不了。"我最怕有些教师听了课后乱搬乱套,脱离本校与本班学生的实际。

教学中以学生为本,以促进学生的发展为本,言之易,行之难。近几年来,名师培训基地与语文学科德育实训基地学员们在探讨教学业务时,黄荣华思考与发言的主旋律往往聚焦在这个单元、这篇课文、这节课学生学到了什么,有何收益上。在个别交谈、讨论课例时,"这节课究竟教给学生什么","学生是否真的受到启发","教学中把这一点忽略

[①] 黄荣华著《上海名师课堂 中学语文黄荣华卷》(上海教育出版社2010年版)。

了,对学生来说,太可惜了",这一类话常不绝于口。乍看,是教学内容的确定与否,教学目标的能否实现,教学方法是否被恰当地探究与质疑,背后是对学生的尊重与关爱。温家宝总理要求教师应成为"挚爱的化身"。教师要懂得爱,对学生有挚爱深情,学生就可在成长过程中真正享受到被培养的幸福与欢乐,增长爱心、善心,增长责任意识与奋斗精神。这种爱不是华丽的辞藻,不是丰富的表情,而是朴素实在的关心,播撒在教学的全过程中。没有爱就没有教育,没有道德,没有一切,当然,也就不可能成为一名优秀教师。我从黄荣华的一系列语言中对此有所领悟。

然而,使我真正感动的是他的"行"。

从教20余年,为使学生在语文学习中切实受益,乃至终身受益,他不断思考、实践、反思,不断探索、寻觅、改进,既敢于自我否定,又敢于自我肯定,执着追求,奋力前行。在纷繁复杂的语文教学认识与实践的重重包围中,根据所教学生内心学习需求,确定了语文课堂教学的落脚点。以语言文字为切入口,读懂文字背后的"生命意识"与"文化意义",有效提高学生语文素养,促进学生文化生命的成长。

教师能否走向成熟,能否成为优秀教师,除了勤奋,十分重要的是要有想法,有追求,有锲而不舍、开拓进取的精神。不动脑筋的"勤奋"就好比把许多"零"加在一起,结果仍然是"零",难脱机械操作工的窠臼。近10年来,黄荣华的语文教学在"生命意识"与"文化意义"的思考与实践方面做了许多探讨与研究,并在学生身上收到良好的效果。有位学生家长在一次会议上情不自禁地对我说:"你知道黄荣华老师吗?学生喜欢他的课,学到许多东西,我女儿大有进步。"学有所得,学有兴趣,学生,以及家长怎能不欢欣?

作家的使命,就是用笔勾勒出民族的灵魂。好的作家作品,必然是从生活体验进入生命体验。课本中精选的经典作品、美文佳作,必然是作者生命的倾诉,生命折射出的光辉。"言以足志,文以足言",课堂上带领学生阅读文本,也就是引导学生触摸文章的灵魂,触摸文章背后作者的灵魂;与此同时,咀嚼、对照、感受、体验,实际上也就是触摸读者自己的灵魂。阅读文学作品若达到这样的境界,学生不仅对语言文字的表现力能深入理解,而且对生命内涵、意义价值的认识在潜移默化中也获得提升。

我们讲弘扬中华民族的民族精神时,对中华文化的认同是极其重要的前提。我们的语文就是中华文化的宝库,是世界上罕见的宝库。仅就语言而言,词汇之丰富,表义之细微,表达之深入,真是纤毫皆能分辨。我们几乎没有什么思想不能用汉语言文字来表达的。语言是个巨大的宝库,它本身就是文化。教学生学语文,实质上是传承文化,以"文""化"人。文化即人生,是人类群体的人生,是人类全部物质成就与精神成就的总结。我们讲中华文化,就是讲中华民族群体的人生,历代彪炳千秋的作品无不是人生的记录与思考。语文课程要求学生学习的精品、佳品,多为精神方面的成就。课堂教学不仅仅是"诉说",讲述一个个昨天的故事,而且要领悟语言文字的灵性,参透文字背后的道理,理解并感受文字背后的文化。这就是说,教师对文本的解读不仅是文字的推敲,还应包括文化价值观念、审美价值观念,还得做些哲学方面的思考。带领学生阅读文本,要尊重他们的主体意识,唤醒他们的情感潜能、智慧潜能,让他们在优秀文化的滋养中获得健康的发展。

理念转化为生动的实践,须寻找合适的途径、有效的方法。黄荣华老师的课从不同的课型来设计不同的教法。如基础课根据多种文体的特点,根据不同课文的个性,采用相应的方法。有的侧重于生命意识的教育,有的侧重于文化意义的教育。二者内涵均极其丰富,又根据文章特点与学生现实需要,突出某一重点,让学生的思想得以碰撞,内心受到震撼。有些内容通过拓展的形式进行,或延伸,或扩展,或深究,或综合,让学生的知识、能力、思维、情感有所锻炼与提升。有的则通过选修课、研究课进行,开阔视野,增长见识,如汉字文化的传授,学生从中可获得较为系统的认识。读是途径,写也是途径,以读促写,读写结合,让学生在动笔的实践中加深认识,切实感悟。尤其值得重视的是"单元贯通学习"的设计。具体做法此处不赘言,只说其特色,至少有对学生高中三年的语文学习整体规划,目标明确,过程清晰,这就是培养,而不是烂泥萝卜洗一段吃一段,走到哪里是哪里;尊重学生的学习主体作用,自主学习与教师指导结合,读与写结合,把语言文字训练与思想、情感、文化的提升融合在一起;一步一个脚印,扎扎实实,不浮光掠影;切磋琢磨,互相激励,培养合作精神与宽容心态等。三年虽弹指一挥间,但只要受到精心培育,具备了正确使用语言文字的能力,有一定的文化积淀,在优秀中华文化的熏陶中成长,学生将终身受益。

黄荣华老师选取了语文教学中的部分课堂实录结集出版,让同行分享他的认识与做法,达到吸纳诤言进一步提高的目的,我甚为赞同,特作短序以表对钟爱语文、不懈追求的黄老师的祝贺与敬意。

真知灼见,启人深思[①]
——《范守纲作文评说》序

新春伊始,暖意伴着东风传送。范守纲老师兴致勃勃造访,述及已将30年研究语文教育的论文整理,准备结集出版。《范守纲作文评说》先行付梓,嘱我作序。我力所不能及,为了答谢盛情,也为了分享成果的喜悦,就勉力为之。

认识范老师已有二三十年之久,那时他在《语文学习》编辑部工作。20世纪七八十年代,语文教学专业杂志稀少,《语文学习》可谓一枝独秀,是中学语文教师心目中的良师益友,有些学校几乎语文教师人手一册。因而,语文教师对这本杂志的编辑同志不仅比较熟悉,而且心怀敬意。是他们及时提供全国语文教学进展信息、讨论的热点问题、教学改革导向性意见,以及有实际参考价值的教学资料,等等,第一线教学的语文教师确实从中受益。范老师是语文教师出身,编读相得,如鱼得水,此次结集的《范守纲作文评说》是范老师关注中学语文教学的研究成果,可从一个侧面看到作文教学30年前进步伐的痕迹。

以往语文教师说到"范守纲",就会自然而然地和写作教学联系起来,觉得范老师在这方面做了相当多的研究工作,且持续不断,有广泛的影响。写作教学是中学语文教学十分重要的部分,写作能力的强弱

[①] 范守纲著《范守纲作文评说》(华东师范大学出版社2010年版)。

往往是一个人综合能力的反映。学生作文不仅是语言文字使用的能力,更在于他们的知识视野、思想认识水平和生活积累。由于写文章是综合能力的反映,需要积累、磨炼的过程,难以急于求成,故而成为语文教学的难题之一。如何引导中学生在有限的语文学习时间里写有兴趣、写有进步、写有快乐、写有成就感,一直是语文教师追求的目标。在教学实践中困惑不少,佳径难觅。范老师深知其中情况,先后对中学生写作心理、中学生写作动情点、中学生作文创新意识的引发和培养等作了一系列研究,撰文表明自己的理解和认识,其中不乏真知灼见,启人深思。

比如关于写作要不要动情的问题,早在《文心雕龙·知音》中就精辟地指出:"夫缀文者情动而辞发。"白居易曾言:"根情,苗言,华声,实义。"写诗作文,感人心者,莫先乎情。文章无真情浇灌,只在文字技巧上兜圈子,生命已缺失,中学生习作道理相通。而今,学生习作常苦于应付,为文而文,无话找话。情感稀薄,哪来佳作?范老师就此现象在《文以情动人》《追寻写作动情点》等文中作了具体生动的剖析,强调须引导学生投入生活的激流,培养和丰富他们的感情,指导他们写作时学会凝聚感情,进而喷发感情。这些论述抓住本质,结合实际,对语文教学有启发作用。

《评说》对案例作评点,所选均为学生习作,颇具特色。范老师多年追踪、观察中学生作文实践,收集整理各类典型作文精心"评说",概括全面,有一定的研究深度,又留存了较为难得的中学生作文的历史资料。在写作研究方面,题型的剖析也是亮点。范老师对作文题型的演变、发展作了较长时间的研究,形成了带有规律性的认识,这对语文教师开阔写作教学视野,结合学生实际指导,有一定的实用价值。

中学语文培养学生理解和使用祖国语言文字的能力,往往影响学生一辈子,有识之士知其重要,投入精力研究,促进质量提高。范老师是作文研究的专家,近年来又主编上海初中语文教材。读者细读《评说》,不仅会受到责任感的感染,而且在作文教学诸多方面可获得有益的启示,这是可以预期的。

《实践反思　同伴互助　专业引领
——"三步实践课"校本研修模式的探索》序[①]

新世纪第一次全国教育工作会议和《国家中长期教育改革和发展规划纲要（2010—2020年）》吹响建设人力资源强国的进军号。强国先强教、强教先强师的思想已逐步深入人心。今后一个时期我国教育事业改革发展的工作方针是：优先发展，育人为本，改革创新，促进公平，提高质量。育人为本是教育工作的根本要求，提高质量是教育改革发展的核心任务。胡锦涛总书记说："必须重视教育质量，树立以提高质量为核心的教育发展观，建立以提高教育质量为导向的管理制度和工作机制，坚持规模和质量的统一，注重教育内涵发展，鼓励学校办出特色、办出水平和出名师、育英才。"

教育质量是学校的生命，金山区廊下小学深知其重要性，三年前就提出"以教师的发展促进学校的发展"的办学理念，进行教师队伍专业化的培养。在教师教育实践中，又根据上海二期课程改革的要求，深入剖析校情、教情与学情，开展了《"三步实践课"校本研修模式的探索》的课题研究，以真问题带动真教研，努力把教学、科研、进修三者融合起来，促进教师专业化发展，提高课堂教学质量。

---

① 上海市金山区廊下小学编《实践反思　同伴互助　专业引领——"三步实践课"校本研修模式的探索》（上海社会科学院出版社2011年版）。

学校校长是教师专业成长的第一责任人,负有教师教育的重任。根据教师的德、才、识、能的具体情况,思考学生学习的内在需求,选择适切的方式加强研修的针对性、实效性,是校长课程领导力也是课程执行力的具体展现,是教育智慧的一种检验、教育艺术的一种检验。廊下小学选择"三步实践课"探索校本研修的模式就是很有意义的尝试。它的特点在于以教研组或备课组为实体,围绕课堂教学内容及教学方法进行研讨,具体,实在,不泛泛而谈不着边际。而这种同伴互助建立在教师个体独立钻研的基础之上,增添了互动的实效。独立钻研教材,读懂教材的价值与意义,根据被教育对象的基础与接受能力,选择或创造有效、有趣、有吸引力感染力的教学方法施教,是教师专业发展的最最重要的基础。这个基础靠自觉阅读、深思,打下宽厚的科学文化底子;靠自觉实践,在教学实践中锤炼,不断总结,不断反思,逐步认识和把握教育规律。俗话说:基础不牢,地动山摇。教师专业成长一定要打好基础,过好独立钻研这一关。这一关不是静止的,不变的,而是要持续不断,锲而不舍,努力提升独立钻研的能力、独立钻研的质量,使自己走向成熟,走向优秀。只有教师个体对教材、对教学独立钻研的能力强,有独有的感受与体会,组里的研讨、互助才会思维活跃,思想碰撞,精彩纷呈。

"三步实践课"的课题探索还可贵在学校全员参与,每位老师都是实践者,都从中受到教益。每位老师既对自己的教学实践评头品足,提升理性认识,又对同伴的教学实践思考、评析,吸取教育养料滋养自己成长。如此坚持下去,必促进学校内涵发展,提高教育质量。

这项校本研修模式的探索,在大量具体生动实践的基础上,形成了许多案例、教案与经验,形成了对校本研修模式的理性认识,建构了该模式的操作体系。而今,把这些结集出版,不仅展现了教学、科研、进修三位一体的阶段成果,更表达了廊下小学教师钟情"二期课改"、专注专业发展的拳拳之心,为此,不揣浅陋作序,以表敬意与祝贺。

《我教儿子学作文》序[①]

孩子学作文时,总会碰到三难三困惑。一是孩子本身觉得写文章高不可攀,难。什么才可写进作文?什么叫形象?风景怎么会有情呢?一连串问题,困惑难以解决。二是家长难。孩子写作文这个坎怎么跨才顺当,写作中碰到困难怎样指导才真有帮助?三是语文老师难,千人千面,百人百样,学生初学作文,领悟能力就有差异,怎样指导,学生才有兴趣?怎样指导,学生才会明显进步?怎样指导,整个班级写作能力才会有大面积提高?可见,在学语文的过程中,写好作文是大家碰到的难题。而今,著名作家肖复兴的《我教儿子学作文》一书再出版,为化解这道难题提供了有力的帮助。

这本书初版时就因为适合孩子、家长和老师的需要,受到大家的欢迎,天津的一位家长说,她把这本书都翻烂了,从中觅宝、模仿,孩子真有了进步。而今,增添材料,重新编辑出版,同时是为了化解孩子学作文阶段的困难,逐步消除写作文过程中的种种困惑,与初版相比,只是指导更明确,材料更丰富。根据我长期从事作文教学的经验,我认为这本书最大的特点是具体扎实,父爱荡漾。

具体扎实表现在效果显著,过程清晰,操作性强。肖铁在学习作文的最初阶段就得到父亲良好的指导,一个一个台阶上,而今已长大成

[①] 肖复兴著《我教儿子学作文》(广东教育出版社 2011 年版)。

人,攻读博士,出版长篇小说、散文、小说集十余部,并有作品被翻译成德文介绍到国外,曾获得第八届冰心图书奖。这充分证明了"三岁孩子映八十"。起步正确,童子功扎实,在人生征途中会受益不尽。指导的过程清晰,一步一个脚印。"知之者不如好之者,好之者不如乐之者",针对孩子对作文的畏难情绪,把激发兴趣放在首位。一个典型例子是:肖铁入学前,从动物园玩完回家,肖复兴拿着录音机对儿子说:"你用一两句话形容一下你印象最深的动物,随便说,想怎么说就怎么说!"肖铁觉得这像游戏挺好玩,便对着录音机信口开河:"白熊,我知道你为什么这么白,因为北极的冰雪把你染的⋯⋯"肖复兴告诉儿子:"这就是作文。"肖铁眨眨眼,不难嘛,把写作文和日常生活尤其是玩联系起来,把难化解为轻松,孩子作文就不以为苦。生活中充满好奇,用眼看,用耳听,用心想,作文时各种有趣的材料就会前推后挤拥到笔下。从弯下腰来扶他蹒跚走几步,到拉几把,到独立行走时重点点拨,提升认识,在写作文道路上一步步登攀。功夫不负勤奋人,经过扎实训练,肖铁不仅能熟练地运用祖国语言文字表情达意,而且能积极创作,作品中闪发创造的光芒。

作文是学习综合素质的反映,包括语文知识,语文能力,认识水平。学习与生活经历、智力发展水平等有密切的联系,故而,提高作文水平十分不易。然而,综合可以分解,作文虽无定法,但也有方法可循。《我教儿子学作文》在以兴趣这把钥匙引孩子步入作文之门的同时,辅之以行之有效的方法。一抓"导",二抓"改"。写作时的方法指导,不是概念术语一大堆,而是取写作规律中的某一点,进行简明通俗的讲解,让孩子对写作文的某一个道理讲清楚,想明白,入耳入心。再配以孩子的具体习作,以道理练习作,再以习作证明道理的正确性,二者结合,读者就可从中受到启发。每次讲道理不求多,不空谈,目的明确,操作性强。孩子再怎么指导,由于年龄、认识、语言能力的稚嫩,写出来的文章总是毛坯,不是缺这少那,就是疙疙瘩瘩,故而,必须在修改上下功夫。修改什么,为什么改,清楚明白。修改不仅是修文字,实际上是修对事物的认识,修思想的模糊。作文该怎么写,不该怎么写,怎么写才合适,正反对照,反反复复,孩子就在不知不觉中提高了对生活的认识,提高对语言文字表现力的理解、领悟,作文能力获得了培养与提高。

可怜天下父母心,书中记述的是教孩子如何写作文,如何写好作文,渗透在字里行间,都是父爱荡漾,浓郁的亲子之情,令人感动。培育孩子成长既是科学,也是学术,十分不易,要想写作能力一蹴而就,立竿见影,是不切实际的幻想。肖复兴以甘当孺子牛的态度、锲而不舍的精神悉心指导,精雕细刻,用爱滋润孩子心灵,促进了孩子茁壮成长,孩子在写作上更是能独立自由地展翅翱翔。这一点对家长和老师来说,就能从中深受其益。

祝愿这本书能起连锁反应,让更多的父母与子女续写新的篇章。

《陶行知箴言》序[①]

陶行知先生是伟大的人民教育家，他的普及教育的"基石"思想、"爱满天下"的博大胸怀，"千教万教教人求真，千学万学学做真人"的真知灼见，"捧着一颗心来，不带半根草去"的献身精神，长期以来一直光照教育领域，给予教育工作者办好教育的不竭动力，给予广大教师丰富的精神哺育。

我是学教育的，毕业论文就是写的陶行知先生"生活教育"的学习与研究。那是中华人民共和国成立初期，学校的图书资料比较匮乏，自己的书更少，要作一点较为深入的学习与研究，困难不小。即使如此，只要接触到陶先生教育思想的核心，我就被深深感动。"生活即教育"，阐述教育与实际生活的相互关系，反对教育脱离生活；"社会即学校"，阐述了生活教育理论的基本内容与范围，主张把学校的教育延伸到大自然、大社会中，使社会和学校合一，使广大劳动群众都有受教育的机会；"教学做合一"是生活教育理论的教育方法论的基础，"教学做是一件事"，"要在做上教，在做上学"。这些充满智慧、充满理想色彩的语言，启发我深思教育的真谛，深思教师肩负的重任，深思教育学生求知、做人的途径与方法。陶行知先生为社会、为教育、为民众的献身精神永远是我们广大教师的光辉榜样。

[①] 叶良骏编《陶行知箴言》(上海教育出版社2011年版)。

《陶行知箴言》的编者叶良骏同志是陶行知先生创建的行知中学（育才学校）的早期毕业生，是陶门的再传弟子。她在上海市陶行知纪念馆工作时，每年我都要带领新考入我学校的师范生到纪念馆参观凭吊，聆听她讲述陶行知的教育思想和光辉业绩。她对陶先生的崇敬、虔诚，对陶先生的做人做事如数家珍，对陶先生的爱国思想、崇高精神由衷礼赞，常使我们师生感动不已，深受教育。虽说这些讲述距今已20多年，但那满怀激情的生动语言仍常在耳畔回响。听说，她还不辞辛劳，奔波全国各地，宣讲陶行知先生教育思想和爱国精神，撒播敬陶、学陶、爱陶的种子。这种执着的精神可敬可佩。

叶良骏同志不仅作报告宣讲陶行知先生的业绩与精神，而且先后编写了《陶行知教育思想论述》《陶行知的故事》《陶行知诗文故事选》等书，向教师、青少年宣传教育之道、做人之道。今值陶行知先生诞辰120周年，她又编写了《陶行知箴言》以表缅怀纪念的赤诚。这本编选的箴言不局限在谈教育的层面，涉及政治、文化、艺术、做人等诸多方面。从这些箴言中，我们可感受到陶行知先生对苦难中的祖国和人民炽热的爱，感受到他对当时社会的深重忧思，对科学建国的高瞻远瞩，对自由平等的向往，对教育立国的大声疾呼，对旧教育及考试制度的深恶痛绝，对改造乡村的亲身实践，对青年对孩子的了解、爱护……从这些箴言中，我们深深感受到这位"中国性、平民性很丰富的"堂堂正正的中国人捧出的滴血之心。

阅读这本书，能提升思想，净化感情。以陶行知先生爱憎分明的伟大一生为光辉榜样，面对纷繁复杂的社会现象，能"必先养皑皑冰雪之心志"，有"推己及人的恕道和大公无私的容量"，坚守做人之道，坚守教育之道，爱岗敬业，为中华民族的伟大复兴奉献力量。

叶良骏同志又为师陶、学陶、研陶做了一件很有意义的事，为此，不揣浅陋，作短序以表敬意。

《人,活在价值体系中》序[①]

古今中外有个永恒性探讨的问题:人活着为什么?人生的意义与价值何在?对这个问题许多智者、贤者作了精辟而深邃的剖析,开启人们智慧,促使人们深入思考。对这个问题,许多志士仁人不仅认识与探寻,精神上追求,而且躬身践行,为国为民赤诚奉献,谱写了生命的精彩,创造了卓越的人生。这些人给我们留下了宝贵的精神财富,哺育我们青少年一代代健康成长。

其实,人生在世就活在一个价值取向当中。价值观不但用来衡量物的价值,也用来衡量人生的价值。每个人对人、事、理的价值判断,就是价值观。人在青春年少之时立志走好人生的步履,憧憬美好的未来,就是进行价值取向的选择,树立怎样的人生观、价值观。价值观是衡量人生有无意义的标尺,对于个人来说,价值观决定了人生的内涵,决定了人生的境界;对于社会而言,决定了文明的程度。

在当今社会,我们究竟应该选择和信奉怎样的价值取向?这个问题关系到所有的人。党和政府要回答,全社会要回答,每个公民要回答,青少年当然也要回答。价值取向正确、先进,社会就能进步,就能和谐发展;反之,就会乱象丛生,人心涣散,就会后患无穷。对于青少年而言,更是影响一辈子的生活道路,是能否成长、成人、成才的问题。选择

[①] 于漪、程红兵主编《人,活在价值体系中》(上海书店出版社2012年版)。

必须头脑清醒,有是非黑白的判断力,万不可掉以轻心。

上海市委书记俞正声在中共上海市委九届十六次全会上讲话时强调:"文化是整个经济社会发展的灵魂,而价值取向就是文化的灵魂。"这两个"灵魂"的判断道破了社会进步的本质所在。众所周知,价值取向左右着人的精神追求、生活道路,起着行为取向、评价标准、评价原则、评价尺度的重要作用。正因如此,为了加强社会主义核心价值体系建设,推动上海文化大发展大繁荣,首先要抓价值观建设。全会提出大力倡导"公正""包容""责任""诚信"的价值取向,并以党和政府的诚信引领、践行。倡导这个价值取向,不仅会惠及全社会,革故鼎新,除弊兴利,弘扬正气,创造良好风尚,而且对青少年价值观的形成与树立作了方向性的指引,意义重大。

青少年选择价值取向时须认识:"公正""包容""责任""诚信"四大价值取向的倡导是社会发展的历史必然。

社会的发展是一个有规律的自然历史过程,它是统一性和多样性的辩证统一,曲折性和前进性的辩证统一。它在发展的进程中,无论是经济基础,还是上层建筑,都会出现各种各样的问题、困难、深层次的障碍;人们的价值取向、价值主张与态度也必然多元多样。此时此刻,作清醒的理性思考,以先进文化支撑、引领,倡导统一的价值追求,能凝聚精神力量,破解难题,推动社会持续进步。诗云:"潮平两岸阔,风正一帆悬。"航向正了,就能乘风破浪向前行。

上海正处于创新驱动、转型发展的关键时刻,新情况新问题层出不穷,错综复杂的矛盾须剖析、疏解,化弊为利,更需要精神力量的支撑和引领。真正的国际大城市不光取决于它的经济实力,更取决于它的精神力量和文化感召力。倡导四大价值取向顺应上海历史发展的必然趋势,迈出了充满创意的步伐。

选择时还须认识:四大价值取向的倡导是人们美好期望的内在

需求。

　　经济建设成就辉煌,物质生活大提高,生活方便令人瞩目。但是,社会的进步不可能只靠物质文明一条腿走路,一条腿支撑,还必须有精神文明的滋养、先进文化的引领、人的素质的提高,它才健康,才充满活力,才能奋然前行。而今,无止境地追求物欲,对人的腐蚀力超强一等。人总是有物欲的,因为要生存要发展。但无止境地追求,人就物化了;人一物化,什么伤天害理的事都做得出来,因为这些人已经把良心交给了魔鬼,极端的利己主义,"人不为己,天诛地灭",是他们的信条。社会上出现的金钱至上,个人第一,导致责任缺失,道德失范,做人的底线被践踏,错误的价值追求混淆视听,乱人耳目,不少人困惑,迷茫,无所适从,无所依归。精神上失魂落魄,人为的沟沟坎坎,大大影响社会的和谐、进步。人是有精神需求的,期盼城市有精神支柱支撑,期盼心有依归,行有准则,思有追求,期盼有良好的社会风气,弘扬高尚,造福人民。四大价值取向的倡导正点到了社会的要害之处,适应人民美好期盼的内在需求,它涵盖了社会公德、职业道德、家庭美德和个人品德建设,具有鲜明的时代特色、实践特色。

　　青少年对应该选择的价值取向心中有准绳,就不会被乌烟瘴气所蒙蔽,更不会随着污泥浊水流淌。灵魂的伟大,与其说攀登多么高,跋涉得多么远,不如说在于自身的如何纯净与坚守。怎样才能纯净,才能坚守?本书提供了许多发人深思的范例。从小打下良好的精神品质根基,就能挺直自己的脊梁骨,做一名堂堂正正的人,有理想,讲诚信,能担当,为事业添彩,为别人造福。这样,人生就不是一个空壳,一个没有任何意义的抽象符号,而是实在的、丰富的、动人的、亮丽的。

　　愿我们青少年吮吸中华优秀文化的琼浆,作出正确的价值判断,在立志、立人的道路上执着前行,创造人生的辉煌。

《我的爱弥儿》序[①]

陈美老师的教育随笔《我的爱弥儿》即将出版,嘱我写序,我欣然应允。

写序,对我这名老教师而言,是一种学习。学习在教育岗位第一线的教师面对新时代教育的挑战,如何用忠诚与智慧创造教书育人的业绩,如何自觉地在教育实践中锻炼成长的生动的经验。阅读陈美老师这本教育随笔,我品尝到学习的快乐。从事教育工作的人往往有这样的习惯思维:教育随笔总是记述教育学生的点点滴滴,大事小事,所思所想,皆可入文。殊不知教育者自身的自我教育至关重要。没有后者的闪发光彩,前者也就相应暗淡。这本书稿的内容二者紧密结合,相得益彰。

70多篇的随笔长长短短,曲折委婉。目之所及,心之所思,皆成文章,而"情"又溢于纸上,轻轻地叩击读者的心扉。

首先是浓浓的人情。随笔笔端流淌的是人间真情。有夫妇间的举案齐眉,情深意笃;有对父亲顽强坚韧的崇敬与感念,有悉心呵护女儿的舐犊深情;有对学生的满腔热情满腔爱,有对学科教学的沉醉痴迷;有对同事、友人的至诚至爱,有对徒弟的慰藉和勉励……本校的、外校的,本地的、外地的,走到哪儿,爱的暖流就悄然而至。在当今社会,做

[①] 陈美著《我的爱弥儿》(江苏教育出版社2012年版)。

到这一点十分可贵。人有情感世界,同情、感动、尚善、仁爱,是应有之性,因为人有一颗柔软的心,这方寸之地注满了赤诚与善良。然而,种种诱惑污染了情感、污染了心,金钱至上、功利第一、道德失范使得不少人情感世界成了盐碱地,已经不懂得什么叫真正的爱,不懂得为什么要仁而爱人,也不会感动,不会同情,不会爱了。这是人的悲剧。教育事业是爱的事业,没有爱就没有教育,教师具有"爱满天下"的情怀,才能真正做到在学生心中撒播阳光。

其次是挥洒的才情。随笔所写无什么惊天动地之举,都是一名教师在家庭、学校、生活、工作中所遇到的普遍而平凡的人和事,但就是这些普遍而平凡的人和事笔端常闪异彩。或思想受到启迪,或情感泛起涟漪,或情不自禁地对照比较,读这些文字深感不是劳倦眼睛,而是精神上有所收获,尤其是有些细节,会在脑中留下深刻印象。才情从何而来?绝非只是天分,对陈美而言,更多的是刻苦,是理想的执着追求。一名从江苏启东农村学校走来的中师毕业生,不仅完成了从中专到硕士研究生的学历要求,而且在 20 多年的从教生涯中与学习为伴,磕磕绊绊前行,走出了"每一步都是风景"。教学,教学,教学生学,其实,教师要教学生学会、会学,本身更要认真学、坚持学。教得好首先是学得好。学的内容、学的方面很多,学的途径也多种多样,但读书尤为重要。教师须有文化底蕴,本身是文化人,就能以优秀的文化滋养学生的心灵。在随笔中,中外名人名事名言信手拈来为自己所思所想所作所为支撑,正是平日勤苦学习的表露。语文教师尤其要珍视读书这人类特有的神圣权利,养成阅读的良好习惯,否则无法摆脱思想枯竭、语言干瘪无味的困境。

再次是良好的心情。教师工作有很大压力,尤其是责任感强、有所追求的教师更是觉得重任在肩,总觉得工作做得不完美,对学生有愧疚,不是学校领导加压,而是自我加压。长年累月如此,身心健康就会受到影响。教育工作不是百米冲刺,拼搏一下就出成绩,而是万米赛跑,乃至是马拉松赛跑,要有韧劲,要坚持不懈。因而,教师须有自我调适的本领,不断自我修复,保持良好的心态,始终精神饱满地迎接挑战。随笔中不少文章表达了作者心情的良好。有的是直说,如何自我放松,如何忙中求乐,游览、诵诗、购物、盘发……有的是借学生、借同事、借朋友、借古人、借今人之口之事娓娓道来,"求放心,致良知",再忙碌,再困难,也是"青山绿树多"。教师心情良好,脸上泛起的笑发自肺腑,会神奇地产生传感效应,让学生身心在无障碍情况下感受到舒适与温暖。

祝愿《我的爱弥儿》幸运诞生,更祝愿她是新的出发点,激励她的作者在教育征程中继续跋涉,积极探索,创造教书育人新辉煌。

《中小学文学课程导论》序[1]

《中小学文学课程导论》即将出版,胡根林老师嘱我写序。捧读书稿,多年前他博士生论文答辩的情景不呼而出,鲜活地浮现在眼前。胡老师思维敏捷,语言活泼,钟情于自己的专业研究,在阐述观点时不仅铿锵有力,而且有时激动得脸上泛起一阵阵红晕。"好个执着追求!"这位年轻人给我留下良好的印象。此后,在报刊上尤其在语文刊物上常读到他的文章,深感这位老师勤奋、刻苦,对当下语文教学纷繁的现象,有自己独特的思考与见地。此次专著出版,正是语文课程方面探索与思考的必然结果,有水到渠成的效果。

"文学教学的终极意义在于学生因此能有机会获得一种文学的生活,一种诗性智慧。"书的"题记"耐人寻味。众所周知,学生求学相当程度是以书为精神的导师、生活的伙伴,从书中吮吸知识、吮吸智慧、吮吸精神养料,以滋养自己成长。但须知:"书富如入海,百货皆有。人之精力,不能兼收尽取,但得其所欲求者尔。"苏轼告知我们,人的精力有限,不可能穷尽书籍,要选取自己最需要的来读。学生所学课程甚多,但语文课程中的文学作品应该是他们的"所欲"。

审美教育有助于促进人的知、情、意全面发展。文学作品的鉴赏是重要的审美活动。语文具有重要的审美教育功能,应关注学生情感的

---

[1] 胡根林著《中小学文学课程导论》(语文出版社 2013 年版)。

发展，让学生受到美的熏陶，培养自觉的审美意识和高尚的审美情趣。审美，简言之就是情感的评价。人的感觉、感情、联想、想象、理解等都是人的情感因素，人以自己的情感评价周围的生活，评价作品中的人和事、景和物，就会产生各种情感体验，如悲与喜、美与丑、崇高与卑微等，这就是审美所获得的体验。文学教学对学生审美体验的激发与培育，起着至关重要的作用。

亲近文学，阅读文学作品，感悟、体验，就能获得"一种文学的生活，一种诗性智慧"。文学的最高价值是对人类心灵的安抚。学生有了"文学的生活"，会不断增长"诗性智慧"，心灵找到精神家园。有这种学习体验和没有这种经历，人的情感滋润、想象力的丰富程度有明显差异。例如同样看到诗人冯至《十四行集》中这样几行有名的诗句：

> 我们的生命像那窗外的原野，
> 我们在朦胧的原野上认出来，
> 一棵树、一闪湖光、它一望无际
> 藏着忘却的过去、隐约的将来。

接触文学少的不是看不懂，就是认为不知所云，而有审美体验的会感到生命是美丽的，要在这美的世界里不断地努力去发现它。文学本就是情感的艺术形态，阅读时有情感上的沟通、交流、共鸣，文字就活了起来，让你想得很多很多。

文学教学对学生丰富心灵、发展智力、感悟语言文字魅力的熏陶作用不言而喻，但语文教学中对它的认识与实践有明显差距。除了20世纪50年代汉语与文学分编教材列为中学语文教学内容之外，较长时期语文只讲记叙文、说明文、议论文等实用文体，即使是小说也当作记叙文教，讲记叙文六要素，尤其是小学与初中阶段，高中略好一些。文学作品是否对学生进行文学教学,要视任课老师的教学理念、文学素养而定,既无明确的需要,又无恰当的检测,效果可想而知。有一个阶段特别强调"语文课不能上成文学课",说"语文课就是教语文,教语言文字"。语文学科究竟具有怎样的性质,担当哪些功能,包括教材观、教法观、学生观、质量观、评价观等均未在学理上进行深入探讨,往往公说公有理,婆说婆有理。理论上的模糊必然导致实践中的盲目,语文教学中出现种种乱象也就不足为奇了。当今,文学教育虽逐步恢复了它在语文教学中的应有地位,但由于以往的几度折腾,文学和文章混同,文学阅读和文章阅读混淆,也就成了家常便饭,不以为意。

教学的有效性虽受众多因素的制约,但教学理念的正确,课程、学科的准确定位,无疑十分重要。指导思想清晰,实践才会有理有序。《中小学文学课程导论》的出版正是适应澄清语文教学中对文学、文章认识模糊的需要,提高从教老师的认识自觉,增强文学教育的实践能力,恩泽莘莘学子。该著作既从理论高度为该课程定位进行阐述,又从语文教学实际情状出发,从课程层面与教材层面进行研究;既以批判的眼光辨识种种错讹,又提出建设性的意见帮助读者思考,阅读、写作、活动均加以涵盖,显现了理论引领和实用价值的有机结合。

《中小学文学课程导论》定能引起课程研究专家和广大语文教师的关注,激发深入探讨的热情,促进语文教学改革的发展。

追求母语教学的高境界[①]
——《发现语文之美》序

杨斌老师新著《发现语文之美》即将出版,寄来书稿,嘱我写序,我深感荣幸。

杨斌老师对语文教育规律的探索和坚持不懈的执着追求,在课堂教学实践与文字诉求两方面同时着力,相互促进,相得益彰,结出累累硕果,令人尊敬。

母语教学是世界难题,如何有效地提高母语教学质量,往往众说纷纭。屈折形文字有其传授的特点,汉语言文字更有自身独特的优势、特色及难度,非西方文字所能比拟。当今,有些人的脑子里认为什么都是洋人的好,从理念到操作,模仿、移植,乃至抄袭,对语文教学而言,大概无济于真正提高质量,提高学生理解与运用语言文字的能力,提高学生的语文素养。

提高语文教学质量确实有诸多途径、诸多方法,且仁者见仁,智者见智,但有一点必须遵循,即必须遵循语文学科的本质特征。如果只见"技"不见"义",或人为地把"技""义"剥离,终非教学的上策。任何教学均具有教育性,丢失了教育性的教学,轻则苍白无力,落入重技轻人的窠臼,重则失魂落魄,难以实现教书育人的目标。语文教学中教育元素

---

① 杨斌著《发现语文之美》(东北师范大学出版社2013年版)。

极其丰富，美之发现与鉴赏当然也是其中应有之义。

汉语之美美不胜收。鲁迅先生说："音美以感耳，形美以感目，义美以感心。"语文教学每节课都在与音美、形美、义美的汉语文字结伴，教师只要胸怀育人理念，目光敏锐，就会自觉地引领学生在语言文字中徜徉，在咀嚼、品味过程中发现美、领悟美、赏析美。

曾记得教育家苏霍姆林斯基这样说："美是道德纯洁、精神丰富和体魄健全的强大源泉。"他又说："美是一种心灵的体操——它使我们的精神正直、心地纯洁、情感和信念端正。"显然，崇尚美、欣赏美会使人变得高尚、优美起来。教学中带领学生学会找到美，评判美，给学生以熏陶感染，正是教师义不容辞的责任。

语文教材中所选诗文，一般来说，均文质兼美，蕴含着极其丰富的美育资源。打开课本，语言美、自然美、人性美、逻辑美、风格美等有时会扑面而来。如何运用这些优质资源，对学生施以良好的审美教育，关键在教师首先有一双慧眼，对诗文的遣词造句、谋篇布局的表象有穿透力，识得作者的匠心别具，从而精准地把握住诗文的真谛。讲求语文之美，绝不是贴标签外加，更不是故作姿态拔高，而是把文字表述与情意内涵融为一体，春风化雨，滋润学生心灵，力求做到"清水出芙蓉，天然去雕饰"的教学高境界。

杨斌老师为此高境界而艰苦跋涉，从理念提升到躬行实践，从阅读到写作，不断探索，尽心尽力。今日将长期探索的做法、经验结集出版，必能对语文同行有所启迪，对语文教学改革起助推作用，意义非凡。

《岁月留痕——教育新闻的采访与写作》序[①]

资深教育记者金正扬同志将教育新闻的采访与写作的有关文章集成《岁月留痕》出版,嘱我写序,我深感荣幸。一睹文稿,我就情不自禁地回忆起初见他的岁月。往事并不如烟,留下的痕迹是那么清晰。

那是30多年前的事。也许是幸运之神特别青睐,1978年12月,我被评为首批特级教师。我清醒地认识到比我优秀的教师多得很,只是际遇造访,自己一定要清醒定位,努力奋斗,让偶然性为必然性开拓道路,不断缩短"实"与"名"的差距。为此,上海教育出版社甘雪娟同志遵从教育部门领导意见,多次来学校找我,要我把教学经验整理出书,宣传推广。我自知只是经验碎片,难以担当重任,故一再婉言辞谢。一天,《上海教育》两名记者来听课,一位是徐金海,一位就是金正扬,听课后又说到写书一事,他们说由他们来写,我只要口说就行。看来再无法推脱,协商做了这样的安排:每周六下午我讲半天,两位记者带录音机来录,他们随时提问,我现场回答。这件事竟然坚持了一个学期。听我讲述时,不仅录音,金正扬同志总是认真做笔记。与此同时,他们还不断听我的课,开座谈会,听取以往的、在校的学生的意见。初识金正扬,他给我的印象是年轻、认真、一丝不苟,对交付的任务积极负责。

从那以后,由于教育事业的改革发展和语文教学规律的探索与研

[①] 金正扬著《岁月留痕——教育新闻的采访与写作》(上海社会科学院出版社2013年版)。

究,我们常来常往,成了好朋友。《岁月留痕》中所叙许多人和事,我均亲见亲闻,倍感亲切。在30多年的交往中,金正扬同志的执着追求、深入实践、勤奋开拓一直给我以深刻的教育。

在人生旅途上,能够最终领略美妙风景的必然是那些强烈渴望登顶并为之不懈跋涉的追寻者。是心灵的渴望,开阔了求索的视野;是心灵的飞翔,催进了奋进的脚步;是心灵的富有,孕育了人生的奇迹。一个人要创造人生的辉煌,首先要让心灵辉煌起来。金正扬同志深知其中奥秘,一辈子为此而追求。尽管童年岁月艰苦,少年生活十分拮据,心中埋下的梦想种子却不断在孕育,那就是对写作、对记者这一崇高职业的不懈追求。在每一个人生转折点上,都努力与笔杆子为伴,从稚嫩的校报记者到连队"文书",从三尺讲台的锻炼到特殊环境中思想、文字的敲打,持之以恒地寻梦、追梦,最终梦想成真,成了一名真正的记者。人生在世,认准了高尚的目标,就应执着追求。执着是什么?是人生的境界,是一步步引导人迈向成功的阶梯。人在前行时,总会遇到坎坷,总会碰到意料之外的艰难困苦,"执着"犹如小草一样,不惧千斤磐石的重压,仍然顽强地亮出自己的生命底色。金正扬同志数十年执着追求,顽强拼搏,造就了他当记者的丰硕的文字成果。

无论从事什么职业,高高在上,脱离实际,说的话必然落不了地,写的文章乃文字游戏,于事无益。当记者深入实际至为重要。深入实际,腿勤、口勤,亲见亲历,才能从教育第一线获得鲜活的、生动的报道资源。为写而写,官样文章,难以引起读者的共鸣。教育新闻,教育报道,要写得吸引人、启迪人、震撼人的心灵十分不易,它没有爆炸新闻吸人眼球,没有惊天动地之举敲击人心,它是谦和中显正气,平凡中寓伟大,柔性中见刚强,天理人情孕育其中,爱的暖流潜滋暗长。它的动人靠的是深邃的思想、精辟的见解、奉献的精神、崇高的境界。要写到这个份儿上,靠拍脑袋、靠文字排列组合显然不行,得沉到教育实践中,眼看、耳闻、感受、体验，占有办学、育人等第一手资料，提炼、锤打，去粗取精，去伪存真，由此及彼，由表及里，方能形成报道佳作。金正扬同志当记者、做编辑，信奉深入实际的真经，跑基层，听课，开座谈会，调查研究，倾听来自各方面的意见，已形成习惯。因此，他的报道、他的教育评论总是时效性强、针对性强，带着教育生活的露水，受到读者的青睐。

如把语文课上得有味的问题，金正扬同志早在30多年前就发表教育评论，至今仍是须直面的认真克服的难题。评论文章的形成不是主观臆断，而是来自较多的听课实践，较多的对师生教学的观察领悟。课上得有味，学生学习积极性就高涨，就主动。"有味"既不是故作高深，也不是庸俗贫嘴，而是遵循学生认知规律，彰显语言文字个性，激发学生学习语文的兴趣，指导他们有效的学习方法，关注他们个性的发展。显然，深入实践不是一般的方法问题，而是一种素质，一种责任。心寄托在教育事业上，脚就会立即跟上，不辞辛苦，不怕艰苦，跑出思想，跑出精神。

当一名记者不仅要勤奋，而且要别具眼光，开拓创新。勤奋不只是拼时间、拼精力，更重要的是用脑子。不动脑筋的"勤奋"就好比把许多"零"加起来，其结果仍是"零"。金正扬同志的勤奋是与开拓创新结合在一起的，不断拓展报道新领域，编辑新方向。从结集的文章来看，不仅采访了一些重量级的教育人物，而且普教的中学、小学、幼教，城区的、农村的方方面面的人与事均囊括其中。基础教育几十年改革的踪迹可从中辨识。20世纪90年代初，《邓小平文选》第三卷出版，在组织学习之时，《教育参考》杂志立即组织编写学习邓小平教育思想专刊，对推动学习起了积极作用。又如，他从报刊社领导岗位退下来后，创办《语言文字周报·双语周刊》，办得有声有色，深得小读者欢迎。特别是世博会期间，开展了"世博心语日记本"的传递活动，凝聚人心，充满创意。金正扬同志的勤奋不仅表现在业务的开拓，而且在如何采访、如何写稿上下功夫,这大概与从小爱好写作的渊源密不可分。

《岁月留痕》汇聚作者数十年教育新闻采访与写作的心血与智慧,是职业生涯的美好展示,更是对后来者的无声启迪,一定会受到读者的喜爱。

《提升精神与智慧力量
——优秀教师的觉醒之路》序[①]

《国家中长期教育改革和发展规划纲要(2010—2020年)》中对加强教师队伍建设作了这样的阐述:"建设高素质教师队伍。教育大计,教师为本。有好的教师,才有好的教育。""严格教师资质,提升教师素质,努力造就一支师德高尚、业务精湛、结构合理、充满活力的高素质专业化教师队伍。"教师队伍的建设确实十分重要。就一所学校而言,它的教育质量说到底就是教师的质量。当今社会之所以择校之风盛行,屡禁不止,尽管其原因有很多,但最根本的原因是"择师",择优质师资。因此,要办人民满意的教育,必须花大力气培养优质师资,让广大教师在岗位上享受到优质的培育,促使他们在专业化道路上得到长足发展。

培养优质师资主要是政府部门的大事,但经常阅读有关教师提升的读物,也能从中获得启发,汲取精神养分。孙宗良老师编著的《提升精神与智慧力量——优秀教师的觉醒之路》一书就是因此而诞生的。书中并未着力展现宏大的教育理论、深奥的教育学术研究,而是紧扣教师习以为常又容易无意识地进入误区的观念进行论述,以求提升思想,增添智慧,品尝到专业发展的快乐。

[①] 孙宗良编著《提升精神与智慧力量——优秀教师的觉醒之路》(江苏凤凰科学技术出版社2014年版)。

教育重在传承。中外思想家、教育家对教育工作的论著林林总总，丰富多彩，在有限的时间大量阅读，抓住精要，实非易事。书中采用了先录教育名言的方法，引导读者与先哲先贤见面，倾听他们对教育的真知灼见。这也是一种阅读学习的方法，举其要而咀嚼、思考。当然，对其中特别有兴趣、特别受启发的，可再选原著整本学习。

著名哲学家贺麟生前曾说："人是能读书著书的动物。故读书是划分人与禽兽的界限，也是划分文明人与野蛮人的界限。读现代的书即所以与同时的人作精神上的沟通交谈。读古人的书即所以承受古圣先贤的精神遗产。读书即可以享受或吸取学问思想家多年的心血和结晶。所以，读书是人类特有的神圣权利。"独立阅读自有精彩，而合作阅读又可互相交流，降低难度。书中安排"精要点击"，意在娓娓道说一己的学习心得，进行与读者的合作交流。这种交流不以求全、求深取胜，而是突出某些要点，以期在较高层次上达成共识。在阅读、学习的基础上，从理论和实践两个角度逐一阐述教师发展的 20 种基本要义，既讲道理，又举实例，以实例印证道理，给人以深刻印象。

今日谈教师专业发展常常重教育教学的技能技巧，精神的提升往往被忽略或被架空。殊不知优秀教师的成长最为关键的是自己内心的深度觉醒。当把自己日常的平凡工作与国家的千秋大业、老百姓的幸福生活紧密联系在一起的时候，就会深度领悟到教育学生成长、成人、成才的价值与意义；就会坚持精神振奋，有强劲的内驱动力；就会刻苦钻研业务，深入探求教育教学规律，有效提高教育教学质量；就会坚守教育者的尊严，拒绝功利牵引，不被名利俘虏，做堂堂正正、德才兼备的人。本书直面教育现场，从职业理想谈起，涉及教育信念、专业追求、文化视野、创新思维、实践精神等，在这些方面为教师增添正能量，增添向前迈步的动力，促进教师更好地发展。

教师这个职业非比寻常，她从事的是以人育人的工作。一名优秀教师能恩泽莘莘学子；一名学生遇到高度负责的优秀教师是一辈子的福分。教师的职业特点，决定了你无论自觉的还是不自觉的，都会影响青少年儿童的成长。显性的、隐性的，正面的、负面的，短暂的、长期的，学生成长的路上都会留下教师工作的痕迹，包括教师为人、为学、为师的痕迹。为此，教师必须自律、自强，努力提升自己，成为师德高尚、业务精湛、跟随时代前进的、充满活力的学生人生道路上的引路人。

《提升精神与智慧力量——优秀教师的觉醒之路》助你思考、对照、发展、成长，助你走向优秀，追求卓越。希望老师们喜欢这个朋友。

《语文教学艺术新论》序[①]

"语文教学艺术论"是黄麟生教授为广西师范大学语文课程教学论专业研究生班开设的一门主修课,深受大家喜爱。今讲稿整理成书,冠以"新"字,意在突出新课改,引进语文教学实践的新信息。书即将出版,嘱我作序,我深感荣幸。

黄教授为人正直,勤奋好学,十分钟爱语文教育事业。他不仅在教育理论上执着追求,而且常深入教学第一线,听课、调研、交流、指导,令教学第一线的语文教师倍感亲切。爱屋及乌,由于对语文教育事业的敬重与热爱,推及对从事这个事业的教师也倾注了深厚的情谊。他在全国有许多语文教师朋友,我也是其中之一。

且不说他多次来沪听课、指导、参加教学研讨,单就应他盛情之邀赴桂林讲学,就在我生命历程中镌刻下极其美好的记忆。已是20多年前的事了,专业讲座,师生思想交流,碰撞的火花似乎还有温度,而更使人难忘的是师大莘莘学子席地而坐听报告的场景。这是一道多么美丽的风景线!操场边几盏探照灯照明,学生吃完晚饭鱼贯而入,那么安静,那么有序。报告开始后场上再也无人走动,全神贯注,时不时传出一点笑声。这哪里是什么听报告,分明是未来教师对教育理想、教育境界的憧憬与追求。我被深深地感动了,这就是教育的力量。我在前行

[①] 黄麟生著《语文教学艺术新论》(广西师范大学出版社2014年版)。

的路上，心中又添了一把火，这把火是黄教授用心点燃的。

而今，功利思想泛滥，浮躁之风盛行，教育领域已难以出现这样的景致，但总有许多坚守教育理想的老师仍心系教书育人大业，辛勤耕耘在这多情的土地上。用文字传播经验，就是有效方法之一，启人心智，助人奋起，尽心尽力铺就教学的锦绣。

教学是科学，也是艺术。科学求其真，准确无误，符合语文学习的认知规律；艺术求其美，求其新，用富有创造性的教学方法激发学生学习兴趣，指导学生深入文本体验、感受思想的光彩、情操的优美、形象的鲜活、语言的灵动，享受到如入山阴道中美景应接不暇的快乐。黄教授深知其中奥秘，悉心研究教学艺术，力求语文教学不仅根深叶茂，而且情趣盎然，有吸引力、感染力、辐射力。研究既重视教师教的维度，也重视学生学的维度；既探讨阅读、写作、口语交际、综合性学习等语文课程构成的艺术元素、途径、方法，又就课堂教学常规艺术与调控艺术深入剖析，指点迷津，还为语文教师如何走进语文教学艺术殿堂出谋划策，内容丰富，阐述精到，给人以深深的启迪。

早在20世纪40年代，学者罗常培先生就精辟地指出："语言文字是一个民族的文化结晶，一个民族过去的文化靠它来传承，未来的文化也仗着它来推进。"这些年来，由于西语之风的劲吹与应试教育的指挥，语文教学面临严峻的挑战，有两股力的干扰尤甚：一是对技术层面顶礼膜拜，文化缺失；二是急功近利，教学快餐化。

文化缺失会导致课堂教学异化。课堂教学一旦失去文化，剩下的只可能是知识的位移、技能的训练与应试的准备，只可能在技术层面、工具层面、模式层面徘徊。殊不知语言文字是有温度的，亲切、喜悦、热烈、辛辣、冷峻等人情冷暖寄寓其中；殊不知语言文字是有力度的，在特定的情境下，可深入文本作者的内心世界，可感受语言文字装载的深厚的中华文化，触摸到民族智慧、民族情结、民族精神和民族力量。语言文字的美更是不言而喻,形美以感目,音美以感耳,义美以感心,线条灵动多变,疏密有趣,语文教学讲究艺术,必然要以文化为支撑,杜绝教学中失魂落魄的弊病。

语文学习靠积累,思想积累、情感积累、生活积累、语言积累、文化积累等,立竿见影是痴人说梦,要花时间精力阅读、写作,扎实提高语文能力、语文素养,杜绝快餐式语文的诱惑。

美学家朱光潜在谈人生的艺术化时有句名言:"慢慢走,欣赏啊!"语文教学、语文学习是要静下心来细细品味、悉心欣赏的,浮躁气氛下的"慢"是一帖清醒剂,黄教授的《语文教学艺术新论》正是清醒剂,助教师与学生回归语文教学本原,懂得"我从哪里出发"。

祝愿这本论著在语文教学界有广泛的知音。

《教育的姿态》前言[①]

在从教60周年之际,中学语文教育的志同道合者盛情邀我出一套关于教育视点的书,其中包括我写的以及研究我教育教学思想的中青年语文教师的著述。出版事宜均联系好,我突患肺炎住进医院,已无力整理近些年来所写文章,只能把原先授课但未公开发表的课堂实录集成一册,名为《涌动生命的课堂》,作为教育视点丛书的一本。对此,我心中常怀歉意,因为丛书中缺少了反映我教育视点的若干论述。时隔一两年,出版社领导还托人给我捎话,希望我能出一本个人关于教育教学的论述。今日集成的教育论稿也算是偿还歉意的实际行动,放下背负的惴惴不安的心情。

我虽已进入耄耋之年,但仍怀有一颗青春年少之时易于激动的心。看到祖国建设事业蓬勃发展,教育、科技等方面取得重大成就,我会情不自禁地热血沸腾,作为中华民族一员的自豪感充盈胸际;读到许多平凡的教师坚守教育第一线、创造不平凡育人事迹的报道,我总感动不已。他们是教师队伍中的佼佼者,他们那种对学生的挚爱深情,那种千方百计克服困难向学生心中播撒知识种子的艰苦卓绝的精神,令我十分敬佩。人的高大与卑微,大概不以身高计,不以学历计,不以名声计,也不以职务高低或荣誉多少来考量,而是看脊梁骨是否挺得直,精神上

[①] 于漪著《教育的姿态》(山西教育出版社2014年版)。

是否晶莹透亮，是否有仁爱之心，是否有舍我其谁的勇气与毅力。生活中绝大部分人是普通的人，平凡的人，叱咤风云的高大人物毕竟是极少数。在普通的人群中，有相当数量的人虽默默无闻，但守正，诚信，敬业，任劳任怨，无非分之想，也无熏心的利欲。在各行各业中，他们从事的是扎扎实实的地基工作，添砖加瓦的工作，推动着祖国建设事业向前发展。基础教育领域这种状况更是普遍存在，他们是教育大厦的建设者，默默地耕耘着，奉献着精力与智慧。我们可以发现，几乎每一位教师身上都有不少教育故事，生动、鲜活、动人，有些真是既扣人心弦，又给人以深深的启迪。

然而，毋庸讳言，教育领域也会有乱象，令人揪心，有些做法看似新颖，却剥夺了孩子自由成长的权利，乃至扼杀孩子的好奇心、求知欲望、美好梦想、创造意识和勇敢精神，令人不得不产生锥心的忧思与疼痛。社会转型时期，国内、国际教育方面的种种诉求、冲击、机遇与挑战，应是意料之中的事。从事教育的人当然不可能料事如神，但还是可以做到有点思想准备，有所为，有所不为，牢牢守住教育的底线，坚守培育儿童、青少年成长与成人的神圣使命，坚守教育者不媚俗、不向权钱卑躬屈膝的尊严。

干教育是良心活儿，一个成人的所作所为影响着未成年人的人生走向和对生命价值的认知，决策者略有偏颇，就可能影响到几代人。"文化大革命"时期对文化教育的摧残，至今在人的素质、社会价值与是非判断追求方面留有印记。人是不能将良心交给魔鬼的，钱、权、色这些魔鬼大肆作祟，金钱至上的崇拜、个人私利膨胀的欲火、急功近利的钻营，以各种脸谱、各种花招淋漓尽致地表演，最受伤害的是儿童、青少年。在人生起步之始，就将做大官、做大款的扭曲价值追求植入少年儿童的生命之中，加之无穷无尽的思想负担、学业负担、生存竞争负担，让他们被学习、被努力、被懂事、被优秀，使他们的生命背负上了不能承受之重。心灵的纯真晶莹、求知的快乐有趣、家庭的热爱亲情、伙伴的仗义关切、生命能量的聚集与释放,就在成龙成凤的追求目标和育分不育人、求学不读书的氛围中,有意无意地被消解,着实令人痛心。

人生是无法打草稿的。稿子可以涂改,实在不行,可以撕掉重来。人生没有第二次,人为形成的缺憾,有时一辈子都弥补不上。因此,教育者,包括家长,对孩子的生命都应怀有敬畏之心,以高度负责的精神珍惜他们的生命,遵循他们成长的规律,并施以良好的教育,促使他们健康成长,活出人生的精彩。学生没有欢乐的童年,会造成一辈子的遗憾;青少年时代没有心灵的放飞,没有思想的驰骋,不能纵情编织家国情怀的美好的学生梦想,不仅影响今后生活的道路,还会影响人生的高度和厚度。我们不知说了多少遍要以学生为本,以学生发展为本,但要把这个理念变成行动的指南,落实到学校教育、家庭教育、社会教育中去,还有许许多多沟沟坎坎、许许多多明的暗的障碍。直面教育现场,作为一名老教师,我不断讲述、呼喊,竭诚地期望大家能振奋精神,群策群力,消除污染教育的雾霾,让学生在蓝天白云、阳光普照下快乐成长,茁壮成长。

身卑无甚高论,奉献的是教师一颗赤诚的心,求教于教育同行。

《笑迎人生》序[①]

读小妹于涟《笑迎人生》书稿,目睹她人生旅途中一幕幕场景以文字的形式鲜活地再现,悲喜交集之情油然而生。她经受的苦难,我感同身受,怜惜悲悯;她从种种磨难中坚强地走出来,精神振奋,敬业乐业,在平凡中创造精彩,我感到无限的欣慰。

人生的道路从来不平坦,弯弯曲曲,起起伏伏,遭遇坎坷乃至灾难,也是司空见惯。直面人生现场,关键在以怎样的态度来对待。态度不同,效果迥异。如果怨天尤人,萎靡退缩,只能与窝囊为伴,活得惨淡无光。面对困境,心中充满希望,充满阳光,就会自信倍增,用智慧和力量排除前行的障碍,获得生活的欢乐。涟妹乐观坦然地接受艰苦生活的严峻考验,在泰顺革命老区的熔炉里熔铸了整整10年,铸就了山水情、乡土情、赤子情,铸就了精熟的业务和吃苦耐劳的精神。阳光的心态赢得了丰富的精神成长,为日后继续前行奠定了坚实的基础。

阳光心态从何而来?用涟妹自己的话来说:"人生的航船不会一帆风顺,顺境也好,逆境也罢,笑着面对,做好该做的事,朝着理想的彼岸前行。"乐观来自心中有"理想的彼岸",有追求的目标。民国初期,一些贫穷的知识分子,穿着破旧长衫站在天宇之下英气袭人,形象高大,那是由于他们忧国忧民,谋求的是拯救处于水火之中的人民,造福苍生。

[①] 于涟著《笑迎人生》(浙江大学出版社2014年版)。

理想、信仰熔炼出他们的铮铮傲骨。生活在今日伟大时代的有知识的人更应树立人生的目标,并为之孜孜不倦地追求。这种目标不拘囿于个人的私利,要融入社会的进步、国家的强盛之中。须知:家是最小国,国是千万家,人生追求有家国情怀,人就有根有魂,乐于奉献。美国未来学家阿尔文·托夫勒于20世纪90年代写了本《力量转移》,认为力量有三种基本形式:暴力、财富和知识。而前两者惊人程度地依靠知识,在世界范围内颇有影响。但评论者说托夫勒忘记了还有一种力量,甚至是一种贯串所有现代力量的力量,那就是信仰。人有了信仰,就有了挺直的脊梁骨,就有了永不停息的内驱动力。涟妹正因为有"理想的彼岸"的人生目标,在医防实践第一线,在教学、科研、从政的不同岗位均能恪尽职守,用心用情用力,不断创造业绩,赢得大家的认可与肯定。

人的一生都在建设,没有建设的人生是虚度岁月,十分可悲。所谓建设,就要真干、实干,千万不能口吐莲花,做说的"巨人"行的"矮子"。干得好,干得有成效,首先是学得好,根据工作需要、修养需要,认认真真读书,切切实实学习。有两种状况须警惕,一是不重视学习,除工作之外就是休闲,基本是混日子,业务做人都难有长进;二是学习只为了给别人看,炫耀自己博古通今,装门面,华而不实。学习要与自己工作质量的提升、自己修身立身紧密联系,滋养精神成长。涟妹工作性质不断变化,新任务新要求层出不穷,能担当下来,有些还能够胜任,勤奋刻苦学习起十分重要的作用。有一年我赴杭州参加会议,曾到她家探望,亲见她一面听许国璋的英语,一面在紧张地洗衣服。时间是挤出来的,对于勤学习的人来说,总是挤得出时间读书学习,增长见识,丰富心灵;对懒于学习的人来说,总是明日复明日,明日何其多。

学习也好,工作也好,均不能两天打鱼,三天晒网,要坚持,要有韧劲,年轻人容易五分钟热度,沸点以后迅即冷却,热情也烟消云散。其实,世界上从没有一蹴而就的事,要做好任何一件事,都要尽心又尽力,更何况人一辈子要做许多事。再说，做好一件事不易，要一辈子做好事，做对别人对社会有益的事，当然是难上加难。其中制胜的法宝，就是坚持再坚持，有韧劲，压不垮，拉不断，哪怕是遭遇突如其来的灾难，也要保持良好的心态，也要学会"熬"。现在的年轻人太脆弱，有的简直像玻璃制品，一点都不能碰，怎能立足于社会？立足于群体之中？涟妹数十年立足于本岗位，从外行到入门，到内行；再扩展业务，再起步再行走，再进了厅堂，无不靠意志与毅力，意志与毅力绝非天赋，而是靠在现实生活中摸爬滚打锻炼出来的。人，总是要有点精神，向着理想的境界奋勇前行。

  涟妹身上这些优秀的精神因子有母亲良好基因的传承，有兄姐的影响，更有她自身的不懈修炼。母亲是半文盲，但善良、宽厚，万分勤劳节俭，克己奉人，菩萨心肠，给我们以良好的做人教育。兄弟姐妹的成长靠国家的培养，靠社会的恩泽，因而只有竭尽毕生精力才能报效一二。涟妹在自身特殊环境里成长更有其特殊的历练，《笑迎人生》写下人生的足迹，既非自我叹息，更非自我欣赏，而是希望晚辈能从中获得一点启迪，走好人生这条路。有人说得好，人的一辈子，就像去西天取经，免不了碰到好多妖魔鬼怪，走在路上经受苦难的我们，谁也不知道结局。也许，当孙悟空走到终点，才知道一路留下的故事比真经还真。

  其中道理供涟妹与晚辈们深味。

《语文的尊严》前言[①]

我渴望我们的学生一捧起语文书,就能升腾起对母语的挚爱深情;一捧起中国经典作品,就有强烈的阅读愿望,精读深思,感受其中蕴含的民族精神、民族情结、民族智慧、民族思维方式,享受精神的愉悦。

我渴望我们的语文教师用智慧和心血铺就的一节节语文课充满勃勃生机,有时代活水流淌。在语言文字弹奏的交响曲中,用丰富的内涵、深邃的思想、优美的情操,源源不断拨动学生心弦,使他们如入宝山之中,有风光无限、目不暇接之感,有进入母语宝库探宝而欲罢不能的冲动。

我渴望学生学习语文有理性的思考。汉字特别具有灵性,是具象的、灵活的、富有弹性的,创造的空间大。理解汉字是民族的灵魂,是民族生命的百科全书。一个方块字就是一片天地,就是一部历史,就是祖先的回忆与希望寄托之所在。在数千年历史长河中与语文形成骨肉亲情,我们要珍惜、要传承。

我渴望学生学习语文真切地懂得:语言的背后是一种文化的深层编码,是一个民族的集体意识。一个个汉字的故事中无不蕴含着中华文化的基因,哲学智慧、伦理道德、风俗习惯、审美意识,稍加触摸,就会感受到它的博大精深,无穷魅力。热爱语文,在习得语文能力的同时,

---

[①] 于漪著《语文的尊严》(山西教育出版社 2014 年版)。

孜孜不倦地把蕴藏的文化基因植入自己的血脉,促进灵魂发育,精神成长。

我渴望从事教育的部门真正重视母语教育对人的发展的价值与意义。多一点尊重与敬畏,少一点急功与近利,更不能让它沦落为应试工具,方能遏制青少年学生语文能力退化的趋势。各国政府对母语使用及国民语言能力的提升无不重视。例如,美国2002年通过的《不让一个孩子掉队》的法案用长达45页的篇幅讨论了"语言教学"问题。美国对120个大公司调查显示,写作水平是获取高额报酬最重要的因素之一。再如,1994年法国国民议会和参议院通过的《法语使用法》、2005年俄罗斯总统签署的《俄罗斯联邦国家语言法》均对本民族语言的使用以及国民的语言文字应用提出了具体要求。母语教育的质量关系到学生智力的发展、素养的提高,关系到日后公民的素质,社会的文明程度,切不可掉以轻心。记得德国纳粹头子、人类大灾星希特勒曾这样说,"要消灭一个民族,首先瓦解她的文化;要瓦解她的文化,首先消灭承载她的语言;要消灭这种语言,首先从他们的学校下手"。这样的场景令人触目惊心,能不警钟长鸣?

"中学生思辨读本"丛书序[①]

余党绪老师的"中学生思辨读本"丛书即将出版,嘱我写序。有幸先期阅读,于深受启发的同时,敬意油然而生。在当下急功近利之风劲吹的日子里,能静下心来坚持10多年研究高中阅读教学,并作切实的改进,使学生实实在在受益,很是难能可贵。

阅读是一种心智锻炼。读现代人的书,可与同时代的人作精神上的沟通交谈;读古人的书,可继承古圣先贤的精神遗产。读书可以享受或吸取学问家思想家多年的心血的结晶,是青年学生获得真正教养的最重要的途径之一。阅读的量与质直接影响他们心灵发育的状况。有人如此判断:一个人的阅读史就是他的心灵发育史。此话寓意深刻,一点不假。然而,由于较长时间应试教育的作祟,育分不育人、求学不读书的现象比比皆是。说的是素质教育,行的是应试教育,对分数顶礼膜拜;说的是阅读重要,行的是题海战术,对考点奉若神明。在功利氛围浓重的情况下,要破解阅读教学中难题,是要有点勇气、执着精神和仁爱之心的。

首先是勇于直面学生阅读状况的现实。尽管上海市语文课程标准规定,三年高中课外阅读量不少于300万字,事实上与此相差甚远,有些只读片段,只做题目,不读书。教材阅读量又有控制,每册仅六七万

[①] 余党绪编著"中学生思辨读本"丛书(上海教育出版社2015年版)。

字。阅读贫困,何来文化积淀,何来视野,何来识见,何来语文素养?阅读量不足显而易见,阅读的质、阅读的方式也令人担忧:低水平重复,在文字表面跳荡的"浅阅读",从应考派生出来的机械化阅读模式等,对学生心灵的滋养不仅无益,而且在有意无意间产生负面影响。余党绪老师对此了然于胸,从思辨性阅读入手,改进阅读教学,破解高中阶段阅读低效的难题,冲破阅读定式,打开阅读教学的新局面。

说说方便,做起来绝非轻而易举。需要时日、精力与智慧,没有数十年如一日的孜孜以求的执着精神,是难以见到成效的。

高中阶段是人的价值观、思维方式与人格形成的关键时期,读什么,怎么读,影响他们价值取向的选择,思维力的锻炼与发展,思想、道德、性格、气质、知识、能力向上向善的逐步形成与完善。因此,从学生成长的内在需求出发,余党绪老师以思辨性阅读为抓手,从四个方面着力。

一是阅读杂文佳品。杂文是作者思想根基与文化底色的生动反映,文字特色鲜明,尺幅能起波澜,千字可兴风雨,学生坚持阅读其中作品,内心在受到思想穿透力冲击的同时,思维方式获得锻炼,还享受到激浊扬清、正本清源的快乐。二是阅读经典。经典是历久弥新的人类精神世界的精华,自然的魅力、社会的奥秘、生命的密码、人生的智慧均蕴含于其字里行间,能从不同角度、不同层面给人以无限的遐想和不尽的启迪,组织学生切实读几本经典,不是附庸风雅,不是装门面,而是静下心来,以读促写,以写促读,来回数遍,从中吸取养料,滋养心灵。中学阶段以此作人生的奠基,认识社会,思考人生,追求高尚,憧憬理想,终身受到教益。三是阅读"万字时文"。徘徊于精巧的"心灵鸡汤"式美文的阅读,学生写作不仅容易模式化,更容易视野狭窄,胸中无时代风云激荡,无多彩文化赏析、滋润。精选"万字时文"组织学生阅读,上百万字的佳文进入学生的眼帘,进入学生的心田,文化视野得到大大开阔,思维力获得发展,理解和运用语言文字能力于潜移默化中获得提升。四是阅读古典诗歌。优秀的古典诗歌不仅是炼字炼句的高标,更是抒写生命的本真,人性的本色。引领学生进入此瑰丽的宝库,他们会从驰骋的想象、充沛的感情、鲜明的形象、深邃的思想和音乐般的语言中,感受到优美、动人、鼓舞、力量。诗,像种子一样,有一股顽强的爆发力,好的诗歌破土而出之后,会和芳香的空气融合,长久地弥漫大地。余党绪老师组织学生读诗,不仅披文以入情,而且引导学生由情而入"理",以"理"的观照,突破"情"个体的局限。古典诗歌思辨性地阅读,别有一番生命感受与心灵体验。

四卷阅读作品,单是选择就需花费大量精力。博览才能做到约取,其中的筛选、剔除,要有眼力,有识见,不仅作品本身要反复比较,多方衡量,更为重要的是关注高中学生健康成长在情感、态度、价值观等方面内在需求这把标尺。既尊重今日学习的现实,又瞻望明日长足发展的需要,铺几块扎扎实实的基石,让学生今日走得稳当,明日更能大步前行。这种十几年坚持不懈地进行阅读实践,支撑的是教师对学生生命成长的热切期盼,对莘莘学子的仁爱之心。

这种阅读教学的改进一扫我说你做的陈腐气,而是师生互动,思想碰撞,心灵交流。比如杂文卷文后评点就是教师和学生一起学习、探究、争议的产物;经典名著阅读指导的撰写,让学生分享阅读的智慧,分享教师的人生;时文阅读中学生俨然是主角,他们写摘要,写读后感,写评点,还要写5 000字的"时文综述",逻辑思维得到大锻炼,对文章宏观把握与掌控的能力得到大大提升,文后附的"读点"就是师生共同阅读的感悟和创造。至于诗歌卷思辨性阅读指导是教师和工作室学员的共同创造,学生要读,提高阅读的量和质,青年教师更要读,率先垂范,做"腹有诗书气自华"的人。

古今中外的佳作珍品具有巨大的魔力,亲近它,热爱它,人会改变自己,心灵会辉煌起来,语言会高雅起来。不说别的,单读一读这四卷书,就可感受到一届届高中生在专心阅读,用心思考,精心表达,一个个鲜活的生命在进步,在成长,一扫人间低俗之气,带给人们无限的希望。

希望以书为伴的美丽风景线能辐射到更多的学校,更多的学生之中。

三尺讲台系国运　　一生秉烛铸民魂[①]
——《卓越教师第一课——于漪谈教师素养》序

2014年教师节，习近平主席在北京师范大学讲话结束时满怀深情地说："'三寸粉笔，三尺讲台系国运；一颗丹心，一生秉烛铸民魂。'今天的学生就是未来实现中华民族伟大复兴中国梦的主力军。广大教师就是打造这支中华民族'梦之队'的筑梦人。希望全国广大教师把全部精力和满腔真情献给教育事业，在教书育人的工作中不断创造新业绩。"

听了这番话，我们教师无不为之动容。平凡的工作与国家前途命运紧密相连，与国民素质高低呼吸与共，培养学生成长、成人、成才的责任大如天。

筑梦人首先自己就要有梦，有美丽的教育梦，有辉煌的中国梦。我是语文老师，我还有语文梦；你是数学老师，你还有数学梦。我的梦想是做一个语文好老师，让每个学生都热爱我们形美、音美、意美的语言文字；都懂得汉字承载着中国人的文化基因，是中华文化的血肉载体，要认真学、认真写，得心应手地用它来表情达意，表现中国人的文化气质、文化风度；都喜爱读书，读精品，读佳品，用中华优秀传统文化和人类先进文化滋养心灵，完善人格，增强学识，成为有中国心的现代文明人。明知这个目标很高，但一辈子为实现它而追求。许许多多各个学

[①] 于漪著《卓越教师第一课——于漪谈教师素养》（东北师范大学出版社2015年版）。

科的老师也都有各自的追求、各自的梦想。习主席似乎十分了解我们的心思,他说:"好老师没有统一的模式,可以各有千秋、各显身手,但有一些共同的、必不可少的特质。第一,做好老师,要有理想信念。"这一下子就说到了教师提升素养的根本。

正确的理想信念是教书育人、播种未来的指路明灯。一个浑浑噩噩、马虎应付的人不可能教出志存高远、为国家做奉献的优秀人才。在社会急剧转型过程中,价值多元、文化多元给教育带来很大的挑战,金钱至上、功利盛行、自我膨胀等给学校、给教师、给学生带来不小的冲击。此时此刻,人如果太实际了,为物质生活所累,就会没有超越职业训练的志向、旨趣和想象力,弄得不好,就容易沉沦。为此,树立理想信念尤为重要。人有了脊梁骨才能直立行走,人有了理想信念,就有了精神支柱,心灵就辉煌起来,持久不断努力,就能成为堂堂正正的人。

教师担负着塑造灵魂、塑造生命、塑造人的极其重要的工作,要取得良好的效果,加强自身修养必不可少。《道德经》中说:"知人者智,自智者明。胜人者有力,自胜者强。"关键在自胜。远大的目标是内驱的动力,孜孜矻矻,执着追求,破解教育生涯中一个个难题,攻克教学实践中一个个难关,德、才、识、能全面锻炼,教师就与学生一起成长。

"一个人遇到好老师是人生的幸运,一个学校拥有好老师是学校的光荣,一个民族源源不断涌现出一批又一批好老师则是民族的希望。"让我们立志成为好老师,赋人生以系国运、铸民魂的意义,用丹心与智慧创造教育的精彩。

让孩子的心灵辉煌起来[①]
——《中国校园文学 角斗士》序

我希望这套丛书能够在中学生中产生影响,为什么呢?因为孩子们对文学的关注实在是太少了。孩子的成长如果离开了文学,他的心灵能得到多少滋养?

文学的价值就在于滋养孩子的心灵。在成长的过程中,孩子们有很多梦想、很多憧憬、很多追求,也有很多内心的失落与张皇。思想也好,情感也罢,都有很多说不清道不明的东西,这个时候,如果能够沉浸于文学,潜心于文学,甚至钻研文学,他的成长就多了一份营养。

这套丛书的理念很好。关注叙事类作品,尤其是小说,这应该成为丛书的特色。文学是研究人的,"文学是人学",归根结底是对人的关怀,对人的研究。这在叙事类作品中表现最明显。文学是一个虚拟的世界,但它的原型还是现实生活。在成长路上,孩子们应该既在生活之中,又能超越于生活之外;要入世,还要有点出世精神。有成就的人,都是以出世的精神做入世的工作,没有出世的精神,根本就不可能超越现实的局限;有了出世的精神,那种潇洒,那种不在乎,他才能够执着地追求,才会有所成就。为什么我特别推崇小说这种体式呢?因为它可以虚构,可以想象,不受某个场景、某个时间、某个条件的限制,突破现实

[①] 于漪、余党绪主编《中国校园文学 角斗士》(学林出版社2015年版)。

与物质，突破僵化的思维。现实的、未来的、过去的，纵向的，一一写出来，再加上横向的贯通，这就有了虚拟的社会性。孩子们在这个虚拟的世界里，能得到近乎全面的成长信息和启迪，得到成长的智慧。

叙事类作品也能充分显示文学语言的特点。文学语言倾注了作者的认知方式和思维方式。汪曾祺有汪曾祺的语言系统，老舍有老舍的，巴金有巴金的，不一样。文学语言并不是语言本身，它是作者个性的思维方式和认知方式的表现，他的世界观、情感和对社会的认识都是不一样的。我们读一本小说，看一出戏剧，其实看到的是作家对世界的思考，对人生的探索。在这里，语言就借着作家的智慧和人格展现出了自己的魅力。

现在的孩子很苦。他们身在生活当中，而心未必在生活之中。你让他们写学生生活，写自己的同学，写自己的老师，他往往写不出来。因为生活对他已经成了一种模式，教师对他也成了一种模式，教育对他也成了一种模式。他们的生活几乎就是考试，就是字词句篇。以前我们讨论的还是"知识点"，现在已经不是"知识点"，而是"得分点"了。这是教育的悲哀！大家都去追逐这个"得分点"，孩子就给糟蹋掉了。教育不应该追求一个抽象的结果，教育应该是生命展开的过程。可现在一切都是为了一个结果，这个结果就是分数。分数等于人吗？分数能等于人吗？如果分数等于人，包括牛顿在内，世界上那些大师没一个能出得来；如果分数等于人，世上哪还有钱锺书？孩子的生命本来是丰富多彩的，可各种各样的因素干扰了孩子生命展开过程当中本该拥有的那种多姿多彩。

现在的孩子接触文学太少了。回顾我自己，我之所以做了语文老师，和当初热爱文学、喜欢看小说有很大关系。那时候书很少，借到一本书第二天就要还，只能看通宵。到高中毕业的时候，托尔斯泰的著作我基本都看过了，《安娜·卡列尼娜》《复活》《战争与和平》，到了废寝忘食的地步。要让人丰富起来,不能只靠教科书,不能只靠没完没了的作业,还是要靠方方面面的滋养。

文学,就是其中最不能缺少的部分。

希望这套丛书有一点导向性,就是要破解急功近利这个阻碍学生健康成长的难题。哪怕作用有限,也要尝试。文学就是对抗急功近利的,这就是丛书的意义和价值。它不光是将孩子们的作品收集起来发表,这不是目的。我们要让孩子们体会到在精神成长的过程之中,哪些东西对他才是最重要的,能让他发展他的好奇心、想象力和批判力,如果能起到这样的作用,这套丛书就有了生命力。

发现和培植文学新星,探索学生的文学活动,为孩子的成长服务,为那些有梦想、有憧憬、热爱文学的学生的成长探索一些路径和方式,是一件功德无量的好事。

要让孩子们健康成长,一定首先要让他们的心灵辉煌起来。心灵辉煌了,就有了理想追求。所有的文学,都是追求美好生活的,都是追求美好人生的。不管是写实的,还是幻想的,都是这样。雨果写了人类的那么多苦难,托尔斯泰写了人类的那么多堕落,目的还是要追求人类的美好,追求生活的幸福。在文学的世界里,在大自然中,在艺术的世界里,孩子们的心灵才能辉煌起来。

让孩子们的心灵辉煌起来。希望《中国校园文学》在这方面有所作为。

拔节成长的佳音[①]
——"中学语文教师成长进阶丛书"序

满怀期待读完了《头五年,一路奔跑》《十年了,停下来思考》《十五年后,从独立到独到》《二十年后,叩问语文之道》四本书稿,欣喜之情不断在胸中升腾。这几位在语文教学征程中不畏艰难辛苦跋涉的中青年作者,用多情的文字吐露自己从教的心声。或高亢,或低回,或沉思,或自责,我听到了拔节成长的佳音,举目眺望,语文教育前景充满希望。

四本著述记述的是教师发展的不同阶段,尽管出自五位作者之手,但从解困到寻路到提升到问道,拾级而上,成长进阶的特色显明,给人以具体、翔实的启示。四本著述不仅各具发展阶段的特色,而且具有教学的个性色彩,彼此之间难以替代。在工厂生产标准化的模式浸染教育领域后,语文课堂教学还有点个性色彩实为难能可贵。

且不具体评说教学中的一二三四,单是其中蕴含的精神成长的因素就弥足咀嚼、思考、学习、借鉴。

首先是语文的情怀。一个没有语文情怀的教师要教学生学好语文几乎是不可能的。语文学科多少年来一直是一个被折腾的学科,只要认识几个字、会说中国话的人都可以对它说三道四。各种各样的思潮,历史的、外来的,现代的、后现代的,从不同角度不同层面加以冲击;正

[①] 张秋玲、于漪主编"中学语文教师成长进阶丛书"(教育科学出版社 2016 年版)。

确的、谬误的、片面的、极端的,纠结纠缠,弄得人晕头转向,裹足难前。在语文教学生态环境很不理想的情况下,要坚守语文的尊严,是要有点博大情怀的。比如,对语言文字是民族文化之魂确有深刻的理解,并对之满腔热情满腔爱;清醒地认识语文教育在培养学生成为"社会人"的过程中发挥着特殊的功能,特别是在他们的终身发展中能起打精神底子的作用,因而,一心一意扑在教学中,担当起提高他们语文素养的重任。四本著述中常或隐或显地蕴含着如此的情怀。李颖哲、王迪在他们书的前言中作了这样的直白:每一天都在"自我追问中度过,所有的挣扎与蜕变都似海浪拍打着内心的海滩,而在浪涛中留下的,在岩石上不曾死去的,是我们的理想"。入职之初,有这份理想、这份情怀,就会有旺盛的内驱动力,"一路奔跑",编织"我"的教学故事。

其次是真实的自我。在语文教学领域,各种各样的名词术语,标语口号,名目繁多的教学模式,常弄得人目不暇给。有些语文教师被他信力左右,人云亦云,追风跟风,自信力消解,丢失了自我。著述的几位教师全不如此,语文是什么？我在做什么,我应该做什么,我到底要做什么？不仅认真想,深入想,而且把思维成果付诸实践,并收到效果。"我"是语文教学的主人,我思我想我行动,展现的是真实的自我,而不是贴标签的、各种做法的拼凑。黄玉慧的《向文本更深处漫溯》中追求的文本解读就是"独立"与"独到"。"独立"已不易,"独到"更难。不仅主体意识强,更要在独立思考、深入钻研、广泛联系、筛选信息、选择视角上下功夫,形成一套有效的阅读方法和思维方法。我的教学我做主。吴欣欣在高中年级的一节展示课,硬是用25分钟让学生阅读自学。心平气和,排除与会听课教师的争议,因为她坚信:"高中生的阅读应该这样,有较长时间的阅读思考,才可能发出自己的声音。"教课,尤其是公开课、展示课,不是表演,不是巡回演出,而是引领学生实实在在学语文,学有所得,学有所悟,学有提高。轰动效应,嘉年华,那是市场经济中的推销拍卖。

再次是执着的追求。人的成长是一辈子的事。教育从来不是一个结果,而是一个生命展开的过程,它永远面向未来,不会结束。因而,教师要和学生一起,展开生命,不断成长。著述的教师深知自我成长的重要性与必要性,在专业发展上孜孜不倦地追求。追求的过程是苦乐相伴,支撑它的是"做人师"的理想信念和锲而不舍的韧劲、毅力。吴欣欣在《十年了,停下来思考》中说得好:"这十年,没少跌跟头。摔倒,爬起,再摔倒,再爬起……跟跟跄跄,磕磕绊绊,居然丝毫不觉得痛苦,也许这就是传说中的'成长痛'?"化蛹成蝶的过程是成长拔节的过程,"痛"使你眼前一亮,豁然开朗。一节课建构、否定、再重建、再否定,甚至构想被推翻,达17次之多,终于弄明白须"自己得有想法","从众人的评判中走了出来"。十年教学,十年思过,十年思变,又十年思进,上下求索,体现的是教师的敬业精神,奉献的是对学生的仁爱之心。

最重要的是学习的力量。李卫东经历了一个个发展阶段,教了上万节的语文课,"反思、行动、成长",不仅说出了"我怎样教的",而且道出了"我为什么这样教",努力探讨语文教学规律,不断叩问语文之道,达到了在规律中获得相当自由的境界,著述中课例的展示、阐释、分析就是明证。之所以能达到如此的境界,除了上述作者具有语文情怀、教学个性、执着追求的精神外,十分重要的是他坚持"自修",自觉学习,阅读写作。他在《我的自修课:在行走和叩问的路上》这样启示我们:"教出语文课的味道来,作为语文教师首先要浑身散发出语文味儿,一个浑身散发着文化味儿、书卷气的语文教师站在讲台上,他(她)就是'语文'。""语文教师阅读、写作的质量,很大程度决定着他(她)语文教学的质量。"我一直认为教得好首先是学得好,学习无源头活水长流,教学就难摆脱捉襟见肘之困,更别说信手拈来,左右逢源。当前,教师缺失的恐怕不是教学的技能技巧,而是文化积淀、学科素养。语文教师要有拼命吸取的本领与素质,犹如树木,把根须伸展到泥土中,吸取氮、磷、钾,直到微量元素。只有自己知识富有,言传身教,才能不断激发学生旺盛的求知欲。要视野开阔,广为涉猎,更要扎扎实实读几本经典,在才、学、识上打底子,尤其是"识",要有文化判断力、教育判断力,也就是具有批判性思维,不轻易被各种假象所忽悠。真正的读书是增加人生的分量的。

拔节成长令人欣喜,也令人尊敬。但须知,语文的生命在于它是文化的存在,彰显的是文化的价值和人的发展,故而攀登永无止境。也许若干年后再来审视,会为今日的稚嫩、偏激、片面乃至疏漏、错误而哑然失笑,而遗憾自责。这是新的成长的凯歌,你们又拔节了,乐曲悦耳动听。教师就是如此尽心尽力赋予自己的生命以意义和价值的。这也是学生的期待,家长的期待和社会的期待。

"'青青子衿'传统文化书系"序[①]

文化是民族的血脉,是人的精神家园。

一颗没有精神家园的心灵,就会浮游飘荡,既不可能潜心思考自己生命的意义与价值,也不可能对他人有真挚的情感关切,更不可能对社会有发自肺腑的责任感。

中华传统优秀文化源远流长,积淀着中华民族最深层的精神追求,代表着中华民族独特的精神标志,为中华民族生生不息、发展壮大提供了丰厚滋养。她哺育了一代代中华优秀儿女,支撑他们成为中国的脊梁。

成长中的青少年认真汲取其中的精华和道德精髓,就会长智慧,明方向,增力量,懂得自己根在何处,魂在何方。经典活在时间的深处;价值追求,在文字海洋奔腾。"'青青子衿'传统文化书系"助您发现其中蕴含的优秀文化基因,探寻当下时代的使命,让您有渴饮琼浆的快乐,醍醐灌顶的惊喜。

---

① 于漪主编"'青青子衿'传统文化书系"(山西教育出版社 2016 年版)。

《于漪知行录》前言[①]

行是知之始,知是行之成。

教育是实践的事业,倾心投入教育实践,反思是非正误、利弊得失,进行梳理、思考,从中获得一些认识,悟得一点道理,记录下来备考。再实践时又以某些认识与经验为指导,验证其正确性与有效性。于是,根据实践中的学情、教情、校情,对认识与经验修正、改进、提升,乃至扬弃,力求"知"逐步接近学科教学规律、学生认知规律。实践,认识,再实践,再认识……在循环往复中,端正自己的人生态度,提高自己的专业素养。

个人的实践与认识,由于种种主客观条件的限制,必然是井底之蛙,视野狭窄,理性思考的深度、厚度远远不够,与教育事业对教师专业要求相距甚大,为此,必须潜心学习,向书本学习,向专家学习,向同行学习,向学生学习,向社会上各行各业有卓越贡献的人学习。学习一是照镜子,二是择善而从,力求身体力行。读书是自己精神成长、心灵优化的需要,不是装门面,不是对着书,疲劳双眼,而是真心实意从观点到材料认真阅读,反复思考,对照分析。读到经典、佳作的精彩、深邃之处,有醍醐灌顶之妙,在乐不可支、思想升腾的同时,又深感自己的无知、浅薄。此时此刻,记点心得,以励前行。

---

① 于漪著《于漪知行录》(山西教育出版社 2016 年版)。

向人与事学习，更是要有眼光与胸怀。既学认识相同相似的，更学意见相左的，甚至对立的，而后者更能促进深入学习，促进积极思考、严密思考，更能接近认识事物的本质。学习时不能短视，不能一叶遮目。要看全局，看整体，看基本面，看长远；要善于发现，细于识别，勇于批判、扬弃、超越。一颗狭小的心有浩浩荡荡的学子，有多情的土地、伟大的祖国，胸怀就会无限宽广，无处不是学习的机会，无处没有智慧的闪光。当然，看到不合理的、污泥浊水的，会焦虑，会愤慨，会烧心。林林总总的看法、认识、体会，流入笔端，锲而不舍，竟然集成了一本小册子。有说的，有做的，知而行，行了又生新知，故而冠名为"知行录"。

许多"知"仍很肤浅，无甚高论；"行"就更不易。嘴上说说不费力，脚踏实地干，干出质量，干出效果，不仅要有持久的内驱动力，而且要有科学态度、奉献精神。有人说，世界上最远的距离，不是天涯，也不是海角，而是说和做的距离。正确的认识要付诸实践是要花大力气的。出版知行录，追求知行合一的境界，既是求教于同行，更是鞭策自己永不懈怠，奋然前行。

《生命的价值在讲台——戴绍英教育文集》序[①]

转眼间,戴绍英老师驾鹤西去已十载,她的三尺讲台教课的情景,她的音容笑貌恍若仍在眼前。为纪念她的教育业绩,为纪念她这位为师者的榜样,她的学生与同事葛起裕老师以及她的家属搜集与整理了她生前的种种教育教学资料,结集出版,嘱我写序。我不仅珍视这次阅读书稿得以学习的机会,更是以自己笨拙的文字表达对这位老同学的怀念与敬意。

也许是缘分吧,我与戴绍英同窗同寝室一年,朝夕相处,情同姐妹。那是抗战胜利前一年的事。1944年夏,我初中毕业,父亲突患肺病故世,家境贫寒,难以继续求学。就在即将辍学之际,江苏省立教育学院附属师范学校赴我家乡招考新生,我有幸考取,赴苏州学校学习。新生分班,戴绍英和我分在同一班级。学生全住宿,她和我,还有另一名女同学缪林,分在同一间宿舍。三人求学同出同进,几乎形影不离。

戴绍英比我长一两岁,犹如姐姐,给我最深的印象是稳重、认真、乐于助人。进师范求学,几乎都是贫家子弟,不仅不要缴学费,而且吃饭、住宿均不要钱。在日本侵略者统治的沦陷区,还能有求学的机会已是上上大吉。尽管对师范生供食宿,但生活水平之差难以保障青少年长

[①] 上海市教育学会小学语文教学专业委员会编《生命的价值在讲台——戴绍英教育文集》(上海社会科学院出版社2016年版)。

身体的需求。吃的是霉米,风一吹,似乎就能化掉;咸菜是碗中之常,不要说什么荤菜、营养,一桶放了点酱油的水就算是汤了,上面一点油花都没有。热水供应是极有限的,都得抢早,否则,就一无所有。学生有时表达不满,就拿筷子敲碗敲桌子,与乱叫声混杂成一片。吃不饱是常事,半饥饿是常态。吃饭的地方,所谓饭堂,只有一些破方桌,没有凳子,大家都站着吃。进饭堂的第一要事是抢着盛粥盛饭。我这个人拖拉,从起床到梳洗到饭堂,戴绍英总不时地催促我,有时还帮我盛好粥饭,"责备"我几句。因为我有过不止一次的教训,等我磨磨蹭蹭进饭堂,粥桶饭桶已底朝天。至今我想不起来为什么磨蹭,早晨总想多睡一会儿,懒;中午与晚上好像总有什么事羁绊,拖拖拉拉。由于她的不断催促、提醒,乃至"责备",逐步改掉了这个坏习惯。至于晚上捎带我泡热水,更是常事。乐于助人已是她的习惯,每想到那时的生活细节,我心怀感激的同时,也自愧自责,我稀里糊涂,太不懂事了。

她的心静,无论听课,做作业,总是专心致志,一丝不苟。我贪玩,作业赶紧完成,好玩,好看闲书。上课我也不大守规矩,教师教得好,我就听课;教得不怎么样,我就偷看闲书。我是个小说迷,只要能借到一本小说书,那就可废寝忘食。教师眼睛可厉害呢,我偷看小说时,教师瞪我几眼,或提高嗓子看着我讲课,准是发现了,于是,我立刻正襟危坐。课后在寝室里谈到这类事,她常笑一笑说:"何苦呢?"她话不多,但总在点子上,令人深思。

抗日战争胜利后,我返家乡,学校怎样变动我不知晓,也不关心,音信也就断了,再见到她已是 20 世纪 80 年代。先见到的是她的名字。《上海教育》1982 年第 6 期报道了新评上语文特级教师戴绍英的教学经验,我读了喜出望外,就是那个戴绍英,一点不错,就是那个一丝不苟的人。以后在上海市人代会上见面,她仍是那么沉稳,不多言语。由于各自工作十分繁忙,又由于教育学年段的差异,也就很少交往。后来,葛起裕老师告诉我她已故世多年的消息,我很伤心。此次将她的文稿、教案结集出版,是对逝者的极好纪念。

她的认真刻苦我有极深的印象,但此次读她的教案,看她写的板书,写的字,不得不由衷地赞叹,我了解得太肤浅了。那一笔一画的字犹如刻出来的一般,周周正正,凛然挺直,透射出一股正气,和她的为人、处世、为学一般无二。低年级的小学老师担负着为儿童开蒙的重任,一笔一画,一言一行,一举一动,对儿童都起着榜样的作用。言教,身教,而身教更重于言教。她深悟其中道理,处处不忘示范,写字教学、阅读教学、班主任工作,无不堪称模范。为此,获得学生爱戴,同行称道,家长信任、敬重,均是顺理成章的事。

戴绍英老师之所以能在低学段教学中作出卓越的成绩,归根结底是把心贴在学生身上,对学生满腔热情满腔爱。有教无类,爱每一个学生,呵护每一个学生健康成长。教育事业是爱的事业,没有爱就没有教育。每一个学生都是家庭的宝贝、国家的宝贝,都要真心实意地培养,全心全意地热爱。一个个班级,一个个育人的成功事例,充分说明她对学生的爱是无私的,是大爱、仁爱。陶行知先生的"爱满天下"在她的身上得到生动的具体的感人的反映。

她教学上的一丝不苟,教学中创造的业绩,源于她敬业精神的支撑。基础教育教的是知识的"核",是最不会老化的,小学低学段的教育更是基础的基础,基础打得正,扎得牢固,一辈子受益不尽。三岁孩童映八十,她深知其中的意义,因而,全身心投入,追求教学的完美,追求培育学生良好习惯的完美,勤勤恳恳地学,恭恭敬敬地教,为学生的成长、成人浇注心血。哪怕是朗读一篇课文,怎样才能字正腔圆,怎样才能中规中矩,怎样才能给学生示范,不仅自己反复琢磨,反复演练,挑灯夜战,而且虚心向别人请教,以求完美。这种责任担当、这种对工作的敬重敬畏,令人深为感动。

同窗一载是短暂的,但她对我的真情关照,她在工作中树立的为人、为学、为师的标杆,永远是我学习的榜样。在她仙逝十周年之际,我这名老同学不仅向她奉献自己的悼念与敬仰,更要践行她彰显的精神与品质,在当今教师队伍中,尤其是青年教师中传承、光大。

"智慧育人探索丛书"序[①]

教师节前夕,上海市第二师范附属小学蒯峰梅等三位学校领导来访,兴奋地告诉我她们学校有八位老师将自己的教学经验梳理、筛选、提升,作一点理性思考,并诉之于文字,准备出版,邀我为该丛书作序。我被老师们积极向上的热情所感染,欣然应允。

"智慧育人探索丛书"内容丰富,有学校管理的经验,有学校德育及班主任的经验,有语文、数学、英语、体育等学科教学的经验,有个人的发展,有团队的成长,林林总总,各具特色。尽管视角不同,认识有异,但基本聚焦在"智慧"这个关键词上,探索如何智慧管理学校,如何创建智慧课堂,如何做智慧的班主任等。这确实是值得探讨、用心尝试、力求取得实效的教育课题。

有人说,智慧这个元素,如撒在汤里的盐,看不见,摸不着,但品得出来。没有盐的汤,淡而无味,缺乏智慧的教育,也是如此。事实就是这样,基础教育是关乎人德智体美全面发展的事,关乎大脑全面成长的事,理应生气蓬勃,精彩纷呈。二师附小办学追求的就是智慧教育的境界,管理者追求智慧育人,执教者追求智慧育人,努力践行关注每一个,成就每一个,引导学生乐学、会学、学好,激发他们的内在潜能,更好地健康、快乐、幸福地成长。丛书正是各位作者老师从各自教育教学的实

[①] 蒯峰梅主编"智慧育人探索丛书"(同济大学出版社2016年版)。

际经验出发，表达自己的愿望与理想。简言之，有几点颇有启发。

教育智慧蕴含的最重要的维度是人——学生和教师。管理也好，教育教学也好，学生应是思考问题、处理问题的第一立场。一切教育活动、教学行为，都在于体贴人、吸引人、感召人、启迪人，使受教育者内心需求有所满足，感受到求知、成长的快乐。见分不见人，只见知识不见人，是缺乏智慧的表现。

好的课堂教学实际上是充满智慧的探险。以智慧唤醒心灵，激发兴奋点，开发探究点，向知识宝库觅宝，思想碰撞，对话交流，生意盎然。课堂教学其实在演绎教师的智慧，既要自己发出启蒙之声、心魂之声，照亮课堂，又要激励每个学生发声、表达所思所想，有时众声喧哗也是一道美丽的风景线。关键在不断活跃学生思维，引领他们动脑筋，学会发现，学会质疑，试着分析与解决力所能及的问题。有位哲人说，思想是条机灵活泼的鱼儿，井水、江水、海水，它都可以畅游；逆流、顺流、激流，它都可以奋进。对它来说，没有什么界限，也没有什么禁区。智慧课堂就是让学生的思维、思想变得像鱼儿那么活泼，那么自在，那么快乐。

智慧不是一种方法，而是一种能力，在一定条件下就会表现出来。智慧本身需要以一定的知识为基础。教师进行智慧教学当然要博闻强记，以不断丰富自己的知识为基础。有一定的学科素养与文化底蕴，教学时就能触类旁通，举一反三，闪发智慧的光芒。智慧之光要常在，还须锻炼自己的思维，特别是多向思维，从不同方向、不同角度思考，可对有些知识重组，可从已有的知识中寻找出新意，让学生兴奋，有新奇感、探究欲。哪怕是教识字，不仅是字形、字音、字义，其中还有民族文化的启蒙，民族文化的传承，滋润学生的心灵，学生感受到春风化雨之甘甜。

智慧育人，教师要有仁爱情怀。一个学生一个样，性格、习惯、脾气、爱好、智力、情商、家庭情况、成长条件等不可能一个样，差异是客观存在的。教师要做到真心实意热爱每一个,确实要锤炼自己的感情,有大爱、仁爱的宽广胸怀。要懂得:差异是和谐的基础,多样是丰富的前提。音符有阶梯,才能组合成优美的旋律;色彩多种多样,才能编织成绚丽与斑斓。有敏锐的目光,发现每一个学生身上的优点、特点,爱护,培育,聚焦,让他们在集体中闪发光芒。以仁爱之心铸就的育人,不仅是知识的传授、能力的训练、智力的发展,有智慧之光,而且透露出师生生命的敞亮,生命的锻造,生命的成长。

营造智慧育人的气氛,探索智慧课堂,学校管理者积极带头,通盘设计,并坚持不懈地一步步推进,力求落到实处,结出硕果。这种对事业执着追求的精神是值得赞颂的。

希望这套丛书能得到小学同行的青睐,交流认识与思想,也祝愿丛书的作者继续尽心实践、研究,取得更多的进步,更大的提升。

《中国古代语文教育史》序[①]

许书明教授新作《中国古代语文教育史》即将出版，来电嘱我写序。我本一草根教师，一辈子在教学第一线耕耘，对语文教育史研究甚少甚微，作序无疑是挑千钧重担，极不相称。然而，对中学语文教师而言，该书问世，无疑是学习的好材料，能从中得益提升；加之许教授的邀写盛情，就不揣唐突，谈一点鄙陋之见，求教于语文教育方家与语文教育同行。

研究中国古代语文教育史的意义与价值，许教授在该书导论中已阐述得清楚明白，我十分赞同，在此赘言几句当今语文教学中的乱花已经迷人眼的现状，不过是更为强调此项研究的重要性与必要性。语文学科的改革与实践在基础教育设置的诸学科中，从认识到做法大概是最为活跃的，提法林林总总，实施琳琅满目，其中不乏符合学科教育规律与学生认知规律的启人深思的经验，但冷静思考梳理，就可发现在喧嚣声中良莠并存，鱼龙混杂，干扰学生语文能力、语文素养的切实提高。简言之，有两种状况特别值得关注，并应对之持清醒的态度。

一是割断历史。一讲到语文，只认定独立设科以来的百年史，百年前的全是糟粕，不屑一顾，甚而认为不是语文，没有语文。平心而论，我们的现代语文，除了特定的年代、特定的政治运动对语文学科的目的任

[①] 许书明、徐海梅编著《中国古代语文教育史》（科学出版社 2016 年版）。

务干扰乃至冲击外,中小学语文的理念与做法,基本是沿用独立设科时的指导思想,从大纲制定、教材编写、练习设计到考试评价,尽管有种种调整与变动,但航向并无质的变化。光绪二十九年十一月(1904年1月)颁布"癸卯学制",我国语文课程独立设科自此开始。当时新学堂的学制、课程以至教材,大都从东西方先进国家引进,但语言文字独立设科,须我们自己探索建设,因而,中国文学一科应运而生。《学务纲要》中明确规定:"其中国文学一科,并宜随时试课论说文字,及教以浅显书信、记事、文法以资官私实用。但取理明词达而止……"又明确:"中小学堂于中国文辞,止贵明通。"显然,这个学科的目的任务是把握文辞的训练,达到实用的目的。关键词有两个:一是训练,二是实用。在当时向西方科学顶礼膜拜的环境中,许多学科尤其是理科,向国外直接引进,中国语文当然不可能直接引进,但重视"现代性诉求",受西方技术至上的思想影响,完全不足为怪。比如叶圣陶年轻时曾明确地说:"一般人以为国文教学只需继承从前的传统好了,无须另起炉灶,这种认识极不正确,从此出发,就一切都错。"在《认识国文教学》中又说:"国文教学固然要重视精神训练,但尤其要重视技术训练,即重视了解文字和运用文字的训练。""……把训练的一切责任都担在自己肩膀上,实在是不必要的。"语文教学为寻求一条提高质量的途径,几十年来,一直在语文知识结构、语文能力训练方面作系列化、序列化、科学化、线性化的不懈探索,然而,效果不理想。1978年3月16日吕叔湘在《人民日报》上对语文教育的责难就是明证。

　　语言文字具有实用功能,语文能力的提升须经过一定程度的训练,本无可厚非。问题在不能把它推到极端,成为语文教育的全部。把技术至上推到极致的是标准化试题引入高考与应试教育的全覆盖。那些公开课、示范课、研究课等,因改革需要,或媒体需要,不过是点缀、表演,语文教学的常态是课内课外知识点操练、考试点操练,因考而教,分数至上,已形成教师的习惯性思维,形成教师的有意教学行为与无意教学行为。这不能不说是悲哀。

语文为何物？语文教育究竟做什么？有识之士,有使命感的语文教师,不断在叩问,不断在寻觅,面对强大的应试潮流,面对理性工具的强大气流,步履维艰。

发展是不能割断历史的,那是血肉相连的命脉,一个国家一个民族的语言文字更是如此。中国古代语文尽管未独立设科,尽管是文史哲不分家,但其中对语言文字的学习与掌握还是积累了丰富的经验,是割不断甩不掉的。中国现代语文还是从中国传统教育脱胎而来,了解其中的利弊得失,有益于今天走好健康发展的路。可惜的是相当数量从事语文教育的人对古代语文教育不了解、不研究、不知觉,影响对问题系统的全面的思考。这块短板确实应该补上。

二是误解曲解,割裂剥离。新世纪语文课程改革,回溯古代语文教育历史,参照与借鉴东西方语言文字教育的理念与做法,从本国语文学科实际出发,形成了语文课程设置的一些新思考新做法。新课程标准不可能十全十美,一定是在实践检验中不断调整、不断修正、不断完善。然而,现实情况是在实施过程中磕磕绊绊,七折八扣。为考而教,为分而战,当然不必述说,就是在理解上也大相径庭。角度不同,衡量的标尺各异,在实践中呈现出来的就乱人耳目。尽管做法纷呈,但误解内涵、割裂剥离是常见形态。语言是人类最重要的交际工具,意识、思想是通过语言来表达的,早在19世纪马克思和恩格斯在《德意志意识形态》中就指出:"语言是思想的直接现实。"语言是人类独有的工具。这一工具和装载的思想、文化不可分割。语言符号因意义而存在,离开意义,符号就不成其为符号。20世纪80年代世界人文科学的一次最大的革新就是语言科学的突破。语文不再是单纯的符号系统,它有丰富的文化心理特征。而汉语言文字更是有深厚的文化历史积淀,既有工具性,又有人文性。二者是一个统一体的不可分割的两个侧面。没有人文,就没有语言这个工具;舍弃人文,就无法掌握语言这个工具。工具性与人文性的统一,是语文学科的本质特征。

道理本清楚明白,但教学实践只教语言文字,讲求实用有之;脱离文本,架空讲文本内容,还美其名曰强调人文有之。究其原因,均在"割裂""剥离"上下了功夫。哲人黑格尔曾经以洋葱头比喻文化,他说,剥掉一层皮,就是剥掉一层肉,所有的皮剥掉了,肉也就没有了。语言文字的工具性和人文性何尝不是如此?语言文字的"体"和人文的"魂"要融为一体,魂要附体,体中要有魂,硬剥离开来,语言文字成为僵死的符号,魂也无处安身。社会发展,时代进步,学科育人核心素养越来越明确,只是"训练"与"实用"大概远不能适应要求。至于脱离语言文字,空讲内容,无限拓展、延伸,不是对人文的误解,就是故作高深,哪还是什么语文课?教学是老老实实的事,尊重文本、尊重学生是底线,来不得半点虚浮与甩卖。被市场经济裹挟,用营销的手段推波,是万万行不得的。

学术是有尊严的。中小学语文教育不可能像高等教育专业课程学术要求高大上,但它毕竟是学科,是课程,有发展脉络,有理论支持,同样也是有尊严的,不可只凭主观臆断。语文教育是母语教育,任何国家,特别是发达国家绝不掉以轻心。语文能力、语文素养是人生存、发展的基础,跟随人的一辈子,它的高低优劣对人的成长成才至关重要。学好语文,是学生的权利;教好语文,是教师的责任和义务。为此,教师须弄清楚中国语文是什么,它担负着怎样的使命,它的源头在哪里,主流支流是什么,哪些经验可传承,哪些陈腐的负面的糟粕要扬弃,发展的走势如何,独立设科前后如何衔接、融通,而非此消彼长,彼消此长,二元对立……凡此种种,《中国古代语文教育史》均作了比较深入的研究,并博采众家研究之长,提炼出自己的真知灼见,以飨广大语文教师。

  大学教授,能眼睛向下,切实研究中小学教师提高教学素养之需,我这名耄耋之年的草根教师,由衷地奉上敬仰之意与感激之情。

《课堂,与美相遇的地方》序[①]

读李德芹老师《课堂,与美相遇的地方》书稿,很为她的忠于职守、对高中语文教学的不懈追求所感动。教师不是先知先觉,但对所从事的事业,所教的学科必须"知",必须"觉"。"我在做什么?我应该做什么?我离目标还有多远?怎样做会更好些?更接近目标?……"诸如此类的问题,作为有事业心的教师会自觉地想,经常地想,在教育实践中促进自己精神的成长,提升自己的专业素养。

李德芹的心中有一盏灯,这盏灯引领她教学的步履往前行,追求语文教学的美好。用她自己的话来说,是追求实现语文醇美的教学理想。醇美语文,体现出民族语文的醇厚之美、语文本体的醇味之美、语文学习的醇真之美、课堂和谐交融的醇和之美。好的语文课应如甘醇的美酒,醇厚甘美,韵味浓郁,让人品后回味无穷。当前,在不少语文课沦落为工具,为喧嚣、失魂落魄、刷题获分的怪物时,能对语文学科的本质属性与语文课堂应展现的美丽风景作一些独立思考,应该说是难能可贵的。人总是活在现实生活之中,有理想的人总能超越现实,想得更深一点,看得更远一点。理想是精神支柱,树立了理想,心灵就容易辉煌;心灵辉煌,前进就有了动力,就会不停息地前进。

在醇美语文教学理想指引下,李德芹老师对语文课堂教学做了一

[①] 李德芹著《课堂,与美相遇的地方》(华东师范大学出版社 2016 年版)。

系列的改革尝试。教学模式探索、教学问题设计、教学专题开发、教学环境构建,多方涉及,力求寻觅一条通往醇美语文的途径。在探索中有两点很可贵。

一是重视学情,以学生发展为本。每做一点改革或改进,先做一点调查研究,倾听学生意见,把握学生学语文内在需求的脉搏,力求使实践少一点盲目性,多一点科学性。这原本是常识,但许多人做不到。说的是以学生为本,行的是以"我"的主观意志、主观愿望为本。正由于如此,教学效果不够理想或不理想,也就不足为怪了。教师习惯于表述自己的看法、意见、判断,这无可厚非,但如果这些看法、意见、判断,建立在倾听的基础之上,就接地气,就有活力,认同值就高。"倾听"是教师重要的素质,源于谦虚、尊重与宽容。

二是读书学习,努力提升自己的专业素养。博采众长,善于借鉴,走自己教学的路,既是一种谦虚好学,更是一种熔炼教学优质资源的本领。不重视读书、学习,故步自封,当然教学上会裹足不前。教得好首先是学得好。学,不能照单全收,要思考、辨别,取其精华,拿来为我所用。学,还须放在一定的时代背景下考量,弄清楚该思想、该做法的来龙去脉、利弊得失。彼时彼地与此时此地,既有相通相似之处,更有区别与差异,提升认识,熔炼做法,择善而从,形成自己教学独有的特色应是追求的目标。

醇美语文的教学理想已扬帆起航,祝愿李德芹老师振奋精神,努力探索,潜心研究,精心实践,总结经验教训,不断取得新的进展,新的进步,享受追求梦想实现的快乐。

《触摸活着的鲁迅
——一名初中语文教师的思与行》序[①]

《触摸活着的鲁迅——一名初中语文教师的思与行》即将付印出版,张贤臣同志嘱我为之写序,我欣然应允,感谢他给我这样的机会。他在工作繁忙之际,仍能坚持教学实践研究,并能将研究所得用文字表述,著书立说,是我意料之中的事。在上海市语文德育实训基地研修期间,张贤臣的谦虚好学、积极进取、扎实开拓,大家不仅有目共睹,而且交口称赞。

人的价值与贡献并不以学历高低、职务高下、荣誉多寡来衡量,而是看有无一颗赤诚之心爱岗敬业,孜孜以求,面对现实难题,勇于破解,以利他人的成长与发展。这是一种勇气,一种智慧,更是文化判断力和社会责任感的生动展现。张贤臣选择当今初中语文教学中鲁迅作品阅读的难题进行较为深入的研究,也显现了这方面具有的初心。

现实的问题总要在现实中解决,不能避开眼前说天边。在政治多极化、经济全球化、信息网络化的今天,文化大潮汹涌澎湃,价值多元评价比比皆是,对鲁迅其人其文的非议、践踏、谩骂、攻击,也就不足为怪。在社会急剧转型时期,出于各种各样的目的与利益需求,各式思想、各

[①] 张贤臣著《触摸活着的鲁迅——一名初中语文教师的思与行》(上海教育出版社2017年版)。

色人等急于登台表述,扮演与众不同、引领潮流的先锋。影响波及教育,就出现了告别鲁迅、拒绝鲁迅的喊叫。鲁迅作品,中学生要不要学?要学,怎样帮助他们学?语文学习绝不只是学习字、词、句、篇的理解与运用,更是以"文""化"人的问题。文化对学生有巨大的穿透力,犹如水击石,或冲刷,或细镂,锲而不舍,石头就被雕塑成令人叹为观止的千姿百态。青春年少之时,多阅读经典作品,就能滋养心灵、提升品位,精神世界获得成长。张贤臣深知学生打精神底子的重要,20年的教学生涯中对鲁迅作品教学的难题潜心研究,努力实践,形成自己的一些独特看法与做法,有益于学生亲近鲁迅,感受其思想精髓与语言魅力,初识人生的况味。

鲁迅从神坛上走下来,回归到人的原点,这是一种进步。但是,切不可忘记伟大的作家拥有上下求索的强烈追求,有大胸怀、大情怀,把整个世界装在心里,何况是鲁迅这样的"民族魂"?记得《约翰·克利斯朵夫》的扉页有如下的题记:"真正的光明决不是永没有黑暗的时间,只是永不被黑暗所淹蔽罢了。真正的英雄决不是永没有卑下的情操,只是永不被卑下的情操所屈服罢了。"阅读鲁迅其人其文,须珍视其重量,千万不能失重。

经典是民族精神的记忆,是民族文化最显著的印记。经典的最本质的特征是触及、思考、表达一个民族生存和发展的最基本问题。它活在时间深处,但能经受得住时间的考验而历久弥新,具有强烈的现实意义。鲁迅一生努力,以他独特、灵活、犀利的文学武器,真实而深刻地反映了中国半个多世纪的历史进程。尤其是对人性的发现与批判,揭示冷峻的真相,传播爱与怜悯,展示灵魂的求索,令人心灵震撼,启人深思:如何立人举事,如何挺起脊梁骨。如果人的精神世界沦陷,就站立不起来,只能在地上打滚或爬行。指导学生阅读这样的经典作品,从初中生的心理需求、认知特点出发,选用恰当的方法,拨动他们的心弦,无疑会促进他们的精神成长,留下深深的痕迹。

鲁迅经典作品语言精彩纷呈,独树一帜,对学生的教育作用不可小视。鲁迅是语言大师,他的文学语言以口语为基础,融入古语、外来语、方言,将现代汉语的表意、抒情功能发挥到极致,极具个性,又极具创造性,色彩鲜明,画面感强。指导学生咀嚼、推敲、品味,让他们能切实领略现代汉语的风采,领悟现代汉语所表达的高度和所具有的力量。要学生能亲近作品,读懂语言,不是轻而易举,一蹴而就。读经典本身就是思想爬坡,伴随着的是难和累,但每上一个高度,都能有收获。张贤臣选择这样一件费力的事情开展研究,不仅"思",而且"行",坚持不懈,摸索前进,显然,支撑他的是育学生成长、成人的高度责任感。

怎样教学生?怎样才是教书育人?怎样才是真正把以学生为本、以学生发展为本落到实处?每名学科教师必须有自己的思考、自己的育人蓝图,而不是围着考试转,跟着教育"时尚"飘。张贤臣同志接教学地气的研究是一种提醒,是一种榜样。研究并非终结,而是正在进行中,希望更多的语文教师同行重视教学研究,发挥自己的聪明才智,开辟研究项目,创造教学的精彩,恩泽莘莘学子。

《别开生面的阅读与写作》序[①]

广东从化朱华勇先生来电,嘱我为张超老师的新著《别开生面的阅读与写作》作序。朱先生是我尊敬的人,一辈子钟情于祖国的语言文字,用《乡村语文报》的平台培养了众多的学子,使他们受益终身。朱先生推荐的新著必有充实的内容、独特的见解,作者必为语文教学的高手。尽管我已是耄耋之年,思路滞塞,文字衰败,但为了赞赏和弘扬教师读写的功力,不揣鄙陋,欣然应允。

《别开生面的阅读与写作》的价值与意义,张超老师在后记《读写人生》中已阐述得清楚明白,再唠叨几句就有架床叠屋之嫌。著作的后记给我甚多启发,简言其中一二,与语文教师同行共勉。

1949年前老百姓称教师是"读书人""先生",读书是教师的标志,因读书明理而受到尊敬,称为"先生"。奇怪的是当今的教师以读书为精神的成长少而又少,语文教师也不例外。拘囿于教学参考书与电脑下载资料,徘徊于为考而教的刷题浪潮,求知阅读的意识与愿望日益淡薄,教书不读书、少读书成为教学生涯中的痼疾,不下功夫治愈,影响教师的学术素养、专业素养,影响教育质量的提升。前年我们曾在全市中小学教师中采样做调查研究,样本还是比较大的,六成以上的教师每人纸质图书年阅读量低于4本,八成以上的教师每天阅读时间低于1小

[①] 张超著《别开生面的阅读与写作》(中国人民大学出版社2017年版)。

时，与许多国家和地区比，差距很大。比如，以色列人年图书阅读量为65本左右，差不多是我们的14倍，一比较，不得不令人担忧、揪心。

教师知识长流水，才可能较好地对学生心灵进行灌溉。教得好首先是学得好，读书是最好的学习。张超老师以自身阅读的亲身经历，体会到"阅读是吸纳、积累，是语文学习的生命之源，在人生成长、文化积淀、素养形成等方面有基础意义"，这虽不是"至理名言"，但这种认识、这种经验有比较普遍的意义。要身体力行地做到，既要养成每日阅读的习惯，又要锲而不舍地坚持，还要精选与博览，更要深入其中，学会吸取精华，滋养心灵成长。习惯的养成，既靠兴趣，又靠理性。接触佳作，如入山阴道中，美景目不暇接，兴趣会油然而生；读书与做事一样，不可能一切从兴趣出发，须思考其必要性和重要性，"三日不读书，面目可憎"，理性为习惯形成助力。习惯一旦养成，以书为伴，就成为生活、生命中的常态，乐在其中。读书的成效绝非一蹴而就，须坚持不懈，日积月累。许多事的成败关键就在于能否坚持，坚持是意志力的表现，读书要达到明做人之理、明报效国家之理的高度，须坚韧不拔地努力。阅读并不都是随便翻翻，休闲逸情。兴之所至，可广泛阅读，开阔视野，增长见识，但总要精选几本经典，认真啃嚼。经典活在时间的深处，其智慧结晶哺育了一代代人，成为立身处世的良好基因。故而，读书要真正读进去，吮吸其中精华，修身养性，增长人生的厚度。读书不是装点门面，而是照镜子，吸取至圣先贤的思想精髓，又与同时代的人沟通、交流，择善而从。汉目录学家刘向说："书犹药也，善读之可以医愚。"我以此为座右铭，不断以书来治自己的愚昧、愚蠢、愚笨。

教师，尤其是语文教师，应该有一支灵动的笔，表达自己的教学得失、育人经验，探究教育教学的规律。正如张超老师所说，"写作是输出、创造，是在阅读基础上的发展提高，对思维认识的深化、语文能力的提高作用巨大，一个真正语文素养较高的人，应该是有较强的驾驭运用语言文字能力的人"。确实如此,语文教师要不断提升自己的专业能力和教学能力,书面表达的尝试与训练必不可少。人的认识一般说来常常是碎片化、浅表化,要用文字清晰地表述出来,就得分析、综合、判断正误,梳理提升。思维的过程实质上是由此及彼、由表及里、去粗取精、去伪存真的过程,这对自己提高理性思考的能力、认识教育教学本质的能力、理解汉语言文字本真的魅力有极其重要的作用。教师能用文字正确表达、经常表达,不仅做到文从字顺,而且说理能鞭辟入里,描述能神采飞扬,教学生写作,就不会空洞说教,心虚神慌。因为自己在写作中甘苦备尝,指导时就会成竹在胸,具体生动,讲到关节点,点在要害处,学生的写作欲就会被唤醒,写作的积极性就会被激发。

人是用语言来表达欲望的。《春秋穀梁传·僖公二十二年》有:"人之所以为人者,言也。人而不能言,何以为人?"我们的老祖宗早就发现"言"是人的特性,将言语视为"人"与"非人"的根本区别。法国语言学家洪堡也有类似的判断:"唯有言说使人成为人的生命存在。作为言说者的人是人。"显然,言语与生命同在。在生命历程中对人、事、景、物发表自己的看法、见解,应该是顺理成章的事。见诸文字,即是文章及著作。动笔,才能体会文章不是无情物,其中奥妙无穷,美妙无比。不动笔,难以有这种精神上的享受。把动笔看作沉重的负担,往往因对写作的价值意义缺乏深层次的理解,再加上习惯惰性,文思越来越枯竭,"怕"字当头了。其实,每个教师都有丰富的写作资源,学生的千差万别,教学的千变万化,育人方法的千种万种,只要做有心人,思考,思考,再思考,必有所得,诉之于文字,久而久之,笔下就会行云流水,汩汩滔滔。

张超老师在阅读与写作方面为我们做出了榜样,我作为一名草根老教师,向他致以深深的敬意。

《上海名师课堂 中学语文兰保民卷》序[①]

兰保民老师将出版语文课堂教学专集,嘱我作序,我欣然应允。

早在第一次见面时,他就给我留下了极好的印象:朴实、沉稳,注意倾听,身上有书卷气。此后数年,在首届上海名师培养基地与语文德育实训基地的诸多活动中,他无不专心致志,积极投入,深入思考,屡有独特见解提出,给人启迪,使同伴受益。他是北京师范大学的正宗研究生,有扎实的语文功底、较广的文化视野、相当的教学能力,但从不以此自喜自傲,而是谦虚谨慎,勤奋好学,具备了成为卓越教师的第一重要品质。

较长时间以来,教师的思考与行动都在"教"与"考"的圈子里转,往往忽略或没有意识到自身学习的重要作用。教得好,首先是学得好;不重视学,不主动积极地学,肯定教不好。教海无涯学为舟,学生发挥学习的主动性、积极性,会问出上自天文、下至地理的各种各样问题,对学科知识能力会有各种各样奇思妙想的追求。教学如大海,无边无际,不学习,不开阔视野,不精研专业,不在学术和文化积累上下功夫,自己怎可能发展、成长?自己不发展,不成长,墨守成规,抱残守缺,怎能满足学生学习的内在需求?怎能激发学生旺盛的求知欲?"自己一桶水,教给学生一杯水"的时代已经远去,企图把求学时代获得的一桶水用一辈

[①] 兰保民著《上海名师课堂 中学语文兰保民卷》(上海教育出版社 2017 年版)。

子，无论如何也适应不了时代发展对教育教学的要求。教师学习必须长流水，日有长进，月有长进，年有长进，才可能跟随时代持续前进。舍弃学习这条"舟"，孤陋寡闻，怎可能在教海中破浪前进？

现在是"万般皆下品，唯有考分高"，只要反复训练、机械训练出获高分的学生，其他如提高阅读素养，提高表达能力，提高教研、科研能力，改进教学内容、教学方法等，一概油盐不进。如果分数能反映学生的语文应用能力，反映学生的语文综合素养，那当然是好事，然而，可悲的是高分低能，语文水平不佳已是不争的事实。高一、高二年级语文按规定被挤压到每周三节课，明智的校长增加到四节课，一到高三年级，课暴涨，少则七节，多的每周十节，用于对应考试内容、考试题型反复操练。这种母语教学的"变态"大概在世界上也罕见。造成这种状况的原因十分复杂，但教师的认识进入误区不能不说是原因之一。有的教师认为"考"就是要拼命训练，与"教"和"学"割裂开来，殊不知学得好就能教得好，教得好就能考得好。这个"好"就是对语言文字理解、领悟、运用的真本领，是以有认识水平、思维能力、生活源泉、文化积累为支撑的。这个"好"是从根上抓，不是表面文章在形式上排列组合。

兰保民的课在"教得好"上下功夫，备课首先对文本怀有敬畏之心，静下心来认认真真读懂作者写这篇作品的真意，读的时候，多问几个为什么，想得一清二楚，解答得有理有据，不主观臆断，不蒙混过关，不人云亦云，不搞教学参考书搬家，网上下载；备课、教课同样对学生有敬畏之心，了解、研究学生的语文基础、学习兴趣、性格特点、学习追求所在。知之真切，教材处理就成竹在胸，删枝叶，强主干，制订切合实际的教学目标，并卓有成效地实现。集子里收录的一些课堂实录生动地显现了他钻研的功力、教学的智慧。课神采飞扬，构建的教学磁场中语言、思想、情感、思维常亮点纷呈，参与者全神贯注，听者动容，畅游在祖国语言文字编织成的锦绣之中，共同享受语文美的幸福。

这种认真、执着、毫不懈怠、常富有创意的工作，植根于教育自觉，植根于内心的深度觉醒。中国人有很强的历史使命感，世界上具有这种"天降大任"使命感的民族不多。兰保民的成长过程，受中华优秀传统文化的熏陶感染，教书育人的使命感很强，有担当意识。且不说教育教学工作，即使额外加的种种任务，如申请课题报告的起草，编写书籍的框架搭建，学员稿件的批阅、修改等，他均勇于担当，再苦再累也毫无怨言。在当今功利思潮横行、熙熙攘攘利来利去的情况下，这种担当意识、奉献精神尤其显得可贵。

在语文教学现状与走向众说纷纭的今朝，希望有志的教师继续振奋精神，加强学习，深入钻研，既有破解难题之勇，又有破解难题之艺，群策群力，恩泽莘莘学子。

《语感教学:内容确定与实践案例》序[①]

陈红波老师主编的《语感教学:内容确定与实践案例》即将付印出版,嘱我为之作序。对语感及语感教学,我缺乏研究,难以发表有价值的意见。由于陈老师的邀写盛情,也由于给了我一个拜读学习的机会,我就欣然应允了。表述是艰难的,不妥与浅薄之处,请方家与同行校正。

近些年来,语感在教学中受到前所未有的重视。理论研究者与实践探索者初心皆在于寻找新的角度来突破语文教学质量徘徊不前的困境。经过 20 余年的不懈探讨,沟通交流,认识大大发展,实践也积累不少经验。在此基础上开展教育科学课题研究,对提升理性思考、明确努力方向、改进与丰富具体做法是十分有意义的。

语感,一般被理解为对语言文字敏锐感觉,是人的直觉反应,主观色彩很浓。至于它的本质属性、形成原因、如何培养等,由于不甚了了,故而说不清道不明。对其进行研究,并付诸教学实践,对有些问题确实须取得共识。如语感的培养不只是技能技巧,文字学家段玉裁在《王怀祖广雅注序》中指出:"圣人之制字,有义而后有音,有音然后有形。学者之考字,因形以得其音,因音以得其义。"如若忽视汉字多音多形多义,忽视排列的匠心安排,就会形成阅读中的若干隔阂。须知:语言文

[①] 陈红波编著《语感教学:内容确定与实践案例》(华东师范大学出版社 2017 年版)。

字从诞生开始,它就具有表情达意功能,宣扬某种思想,表达某个观点,渲染某种情感,有较强的社会性和群体性。如若忽略,易堕入技能技巧的机械训练。汉字的形、音、义是文化的选择。字词理解有很大的空间,汉字表达充满魅力。沉潜到语言深处,可发现静态语言背后的动力与活力。这些认识有助于研究与实践语感教学的深入思考。

《语感教学:内容确定与实践案例》这本项目研究成果,既重视这些年来语感研究与语感教学研究所取得的进展,又根据现状提出发展的建议。综述所取得的成绩,既清晰地梳理各家之言,又简要剖析可取与不足,实事求是。语感教学的内容如何确定确实是一种颇费心思的探索,把词、句、篇与语法、修辞、逻辑与仿写、语境等多个角度编排起来写也是一种尝试,意图从认知、理解、运用等多方面揭示语感培养的方法与途径。语感是主体对作为客体的语言所产生的直接感受和对语言形式、语言意义进行再加工的心理行为能力,是人们把握语言的基本形式。它的最基本特征是直觉性,培养语感能力需要加强直觉思维训练。直觉思维是以知识经验为基础的,是逻辑思维高度压缩、简化、自动化的结果。实践探索,对此可以深化认识,并积累有益的经验。该课题研究成果留下了不少思考、追寻和实践的空间,不拘泥于一己之见,这是值得赞扬的宽广心态。

祝愿以此为新的起点,深入研究,悉心培养,创造语感教学新成果,为切实提高语文教学质量做贡献,恩泽莘莘学子。

"上海教师教育丛书·知困书系"前言[①]

钱学森曾对一位中学教师语重心长地说:"培养年轻人是一个国家进步的基础,不要小看你的工作,你是在塑造年轻人的灵魂。"

教育是有灵魂的。

教育的灵魂就是培育学生心中的太阳。这颗太阳闪耀着爱国主义的光辉,闪耀着勤奋好学、自强、自信、自律、责任担当的光芒。学生要能孕育成自己心中的太阳,教师就要满腔热忱地悉心教育,精心引导,用自己心中的阳光照亮他们的心灵。

许多教师,心无旁骛,甘守三尺讲台,积累了丰富的教书育人经验;许多教师坚守正道,追求真理,立足我国国情,放眼观察世界,既不妄自菲薄,也不人云亦云,捍卫执教者的尊严。这令人十分尊敬。然而,教育又具有鲜明的时代特征,教育对象生活在科技迅猛发展、社会变化迅速、价值多元、文化多样的大潮中,思想、行为、性格、习惯、兴趣、爱好等无不打上时代的印记。教育中新情况新问题层出不穷,热点、难点问题比比皆是,如何面对,如何破解,如何切实提高? 教师从教的初心要增强,经验要发展,思想要提升,视野要开阔,方法要创新,简言之,精神要成长。具体地说,理想信念、道德情操、学识业务、仁爱之心与时俱进,跃上新台阶,展现新气象。为此,教师之间学习交流,相互切磋,尤为

---

① 于漪主编"上海教师教育丛书·知困书系"(上海教育出版社 2017 年版)。

重要。

鉴于现实需要,上海市师资培训中心与上海教育出版社商讨,出一套有关教育教学经验交流的书,嘱咐我们首先尝试。在上述单位热情关怀与具体指导下,我们团队尝试以当下教育教学常遇到的问题为导向,从理性思考与实践做法方面作一点分析、解剖,不求完美地回答问题,只求能活跃思维、深入思考、开阔思路。释放生命活力,寻求立德树人的有效途径与方法,创建教育的优质,恩泽莘莘学子,才是每位教师成长的理想境界。教师在成就了学生的同时,也成就了自身。

基础教育从事的是国民素质教育,是在为未来公民的思想道德素质、科学文化素质、身心健康发展奠基,它的质量的优劣关系到国家的前途、民族的命运、家家户户的幸福。基础教育的教师肩挑千钧重担,责任大于天,生命的意义与价值寄寓其中。国外也是如此认识。英国惠灵顿公爵在滑铁卢战役中打败不可一世的拿破仑,曾留下这样一句名言:"当我在伊顿公学的操场上练习奔跑的时候,滑铁卢战役的胜负,其实就已经决定了。"可见基础教育对人一生的成长与发展起着怎样的作用,产生多么长远的影响。

这套书不过是守着教育的本分、教育的常识说话,无甚高论,目的在抛砖引玉,恳请教育方家与同行不吝指正。

"中小学课程与教学彰显中华优秀文化研究与实践"丛书序[①]

"中小学课程与教学彰显中华优秀文化研究与实践"丛书作为上海市教育科学研究重点项目的成果结集出版,是件有意义的事。该项目研究的当下价值与意义,书的起始已作简要阐述,给人以急需、紧迫之感,此处不再赘言。从整体而言,将研究成果诉诸文字出版,对广大中小学校重视并有效进行中华优秀传统文化教育必能产生积极的指导作用与推动作用。

项目研究很接地气,不仅目标明确,路径清晰,态度本真,方法灵动,而且比较扎实,不少举措都有创意。例如,彰显中华优秀传统文化的研究与实践,范围定在"中小学课程与教学"的层面,对中华优秀传统文化教育现状的调研,以教师与学生为对象,本是顺理成章的做法。而今,调查不拘囿于此,还以社会公众为调研对象,把对传统文化的认知、态度与需求放在社会背景中来考量,把教育内部师生的认知、价值判断等与社会公众有关状况比较、参照,以数据为依据,从而获得的认识更为客观,更为全面。但又不迷信于数据,现状调查中提出的供讨论的问题,有的就颇有见解。如"传统文化教育内容的筛选虽可参考,但不必

[①] 上海市教育委员会教学研究室组编"中小学课程与教学彰显中华优秀文化研究与实践"丛书(华东师范大学出版社 2017 年版)。

局限于了解和认同情况",就没有把"认知程度""认同程度"和"教育价值"之间作简单的对等。因为项目调研者深知,被调研对象并不都了解中华优秀传统文化中的精粹;并不都切实感受到人生需要信仰驱动,社会需要共识引领,国家需要价值导航;并不都深刻认识中华文化中一些优秀的价值基因跨越时空,焕发生命力,为当代核心价值观输送了厚重的力量,崇尚和传承中华优秀文化与树立和践行社会主义核心价值观一脉相承。由于尊重事实,深入思考,提出的问题就实事求是,给人以启发。

对教材的调研分析,同样做得十分扎实。以影响较大、使用范围较广的人民教育出版社的小学、初中、高中语文教科书23册为研究对象,从学习水平层次、传统文化内容要素和呈现方式三个维度展开,取得的翔实数据,一扫大致推测、毛估估的弊病。特别是"价值取向"类传统文化内容比较薄弱,学习水平无论是认知、态度,还是行为,无要求的比例均比较高。这些分析研究不仅为语文教科书的编选、设计、调整、改进,提供了有价值的参考,而且给教学实践者以非常有益的启发。文化对学生有巨大的穿透力,犹如水击石,或冲刷,或细镂,锲而不舍,石头就会变成令人叹为观止的奇形异态。彰显中华优秀传统文化,就是要让学生耳濡目染,从中吮吸精神养料,不断提升思想,陶冶情操,认识社会,感悟人生,塑造优美的心灵。如果执教者缺乏文化自觉,缺乏优秀文化薪火传承的担当,再好的文化内容也会视而不见,更别说让它们闪发育人的光辉。

在课程与教学中如何彰显中华优秀传统文化,项目组不仅在理论上做了科学的探讨,在实践中也做了具体实在的研究。以基础课语文、政治、体育、艺术等学科为样板,按照家国情怀、社会关爱、人格修养三大模块对学科知识内容进行梳理和归类,不仅对相关内容进行了结构化的呈现,而且各学段均组织了课堂教学实践案例,给广大教师以如何钻研教材，萃取学科精华，彰显优秀文化、滋养生命之魂的启示，把理念落到实处。与此同时，又面对校本课程应景与随意随性的状况，研究并形成了中华优秀传统文化教育校本课程建设与实施指南，并广采学校第一线内涵丰富、特色鲜明、弘扬优秀传统文化光彩的校本课程为案例，让这些课程的优质资源发挥广泛的参照、借鉴、辐射的作用。

一个民族、一个国家的精神追求，是最持久、最深层的力量。青少年学生学习中华优秀文化，就是要在多样性文化并存的环境中，注意修己立人，焕发生命的活力，焕发对美好理想永不停息的追求。为此，此项研究成果问世，意义可见一斑，从中可悟出不少道理。

《每月与语文教师书》序[①]

初春,谈永康老师来电述说即将出版新作《每月与语文教师书》,邀我写序。为语文教学第一线教师的作品写序,我还有些微经验,为教研员的作品写,却是头一遭,有点为难。谈老师是位好学又想干实事的人,更何况嘱写的盛情难却,只好勉为其难了。

一说到教研员,我就会情不自禁地想到我的恩师上海市教育局语文教研员杨质彬同志。那已是半个多世纪前的事。20世纪60年代初,为了改变学生被动学习、课堂教学质量不理想状况,各学科进行教学改革。在区教师红专学院召开的高中语文教改座谈会上,我这名非科班出身的年轻教师,不知高低深浅,谈了许多意见。会结束后,这位年近50,操着四川口音普通话的女教师走到我面前对我说:"于漪同志,以后我来听你的课,事前不通知,什么时候来就什么时候听,你和平常上课一样,不要专门准备。"也许是缘分,也许是凑巧,我不认识她,区教研员告知,我才知晓。那时专业会很少,这个会本应教研组长参加,老组长身体欠佳不愿参加,嘱我这名副组长代替。会后,果不其然,她来听课了,一周来两三次,总是走进教室上课时才看到她坐在最后排的凳子上。一听就是一学期。有时听了课就走,有时把我教的两个班级作文簿搬到校长室翻阅,有时与我交谈。交谈许多次,从不对我的课评头论

[①] 谈永康著《每月与语文教师书》(语文出版社2017年版)。

足,而是提出各种各样的问题让我思考,寻求解答。如:"文中这个问题你为什么这样阐述呢?想达到怎样的目的?学生能理解吗?换个角度行不行?哪个更好些?""学生提的这个问题能醒人耳目,你想过吗?他为什么能提出这样的问题?基础是什么?后续该怎样?怎样引导才能激发旺盛的求知欲,激发对语文学习的热爱与追求?"又如:"作文眉批、总批除了就字词论字词、就文论文外,你还考虑过其他功能吗?怎样的批改才能入学生目、入学生心,心里热乎乎的?"全是问题,全是思考,为什么,为什么,润物无声地引导你往语文专业里钻,启发你怎么教学生,怎么善待、呵护学生。语文教师不是先知先觉,但绝不能不"知"不"觉",做操作工,他必须"知"必须"觉",必须深刻认识所从事专业的价值与意义,必须清醒地领悟到肩挑教育学生的责任与担当,扎扎实实钻研教书育人的规律。

集中听课半年,持续启发诱导,我的教育思想与教学技能有了明显进展,至今我的脑子里仍装满有关教文育人的诸多问题,可以告慰她的是我没有做思想的懒汉。因为一名不重视思考、不善于思考的教师,不可能成为合格的教师,更别说优秀教师了。尤其使我难忘的是她的温文尔雅、真诚待人、平等商量的风范,如春风化雨,温暖我这名极其普通极不成熟的青年教师的心。即使1965年让我上全市数百人听的公开课时,事先,她仍然慢条斯理提两个问题促我思考,从不指手画脚把她的意志强加于我,我深深感到人格受到尊重,更要发奋努力。"文革"中,她去了高校,后参加《汉语大词典》的编撰。1978年我被评上特级教师,本想感谢她的培育之恩,谁知她思想上早已"隐退",半句不提过往之事,更别说居功了。此时此刻,我对"人梯"的高尚无私顿然有所领悟,我们的语文教育事业太需要德才兼备的"人梯",也太需要人梯精神了。

教研员是我国基础教育教师队伍中特有的教学研究人员,其他国家包括发达国家在内,也罕见这样的设置。这支队伍该发挥怎样的作用,这里不作理论上的探讨,只是觉得国家对教师队伍建设寄予无限期望,颇值得反复深思。习近平主席曾说:"一个人遇到好老师是人生的幸运,一个学校拥有好老师是学校的光荣,一个民族源源不断涌现出一批又一批好老师则是民族的希望。"一线教师如此,教研员又何尝不是如此呢?我这名天赋不高基础一般的青年教师机缘巧合遇到了杨质彬这样的好教研员,真是人生的幸运。她点燃了我为语文教育理想奋然前行的明灯,她的音容笑貌、语言动作不仅镌刻在心,更成为我攻坚克难的内在动力。一想到她,我就精神焕发,信心百倍。那时,教研员人数极少,区里一个学科仅一名,市里也如此。今日随着教育事业的大发展,教研员队伍已多少倍增加,只要积聚力量,当在促进教师专业发展中发挥更大的作用。

读谈永康老师《每月与语文教师书》书稿,深感他意识到自己肩挑的重任:采用每月给教学第一线教师写一封信的方式,交流思想,沟通看法,认识当下,憧憬未来,为教研活动的开展增添了新的活力。其中不少议题值得深入探讨,在思想层面、技能技巧层面,获得更多的提升。比如,实践共同体的构建,除了佐藤学讲的外,我们有没有自己的想法、认识和举措?怎样才是符合国情、教情、学情的?短期目标是什么?长期追求是什么?"共同体"是一二三四标准化,还是"万紫千红才是春"?教研员在实践共同体之中,还是之外,之上?实践出真知,上课时与学生心灵交流,思想碰撞,天天有新情况、新思考,惊喜、丰富、有趣,思维王国色彩斑斓。又比如,对语文教学中种种问题的分析与解答,可否让参与者多谈一点自己的想法、看法、做法?深入探讨这个问题是怎么形成的,主客观因素有哪些,什么是症结所在,就问题论问题效果如何,怎样才能标本兼治,怎样才能排除消极因素的干扰,等等。教学研究的过程中引导教师重视思考、学会思考、善于思考,形成爱动脑筋的习惯,可能比讲述几个方法更有价值与意义。当然,还要视参与者具体情况而定。教师专业发展确实有共同的规律,但各有特点,各有所长,一个人有独特的一个样,百花争艳,也是我们追求的目标。

书中的一封封信,从小学语文教学实情出发,有观点、有材料、有方法、有期待,启人思考,催人奋进,希望受到同行们的欢迎。

《向上的力量》序[①]

为引导广大未成年人培育和践行社会主义核心价值观,发挥优秀校园原创作品愉悦身心、净化心灵、启迪心智的作用,杨浦区德育室在全区范围内开展了中小学生"社会主义核心价值观"读本征稿活动。中小学生积极参加,历时三个学期,在自己学习、体验、践行的基础上,创作了许多童谣、诗歌、故事、剧本,现择优结集出版,是令人兴奋的好事。

好就好在让我们未成年人伙伴初步知晓:人,一辈子都活在价值取向当中。价值观不但用来衡量物的价值,也用来衡量人生的价值。每个人对人、事、理的价值判断,就是价值观。人在青春年少之时要立志走好人生的道路,憧憬美好的未来,实际上就是进行价值取向的选择。选择正确的价值取向,就能心明眼亮,界定是非,辨别良莠,丰富人生的内涵,创造生命的精彩。

好就好在让我们未成年人伙伴清楚地知道:社会主义核心价值观标定了我们国家与民族的未来航向。中国梦的一个重要内容是中国人民和中华民族的价值体系和价值追求。在物质文明迅速发展的同时,一定要唱响精神之歌的主旋律。人生需要信仰驱动,社会需要共识引领,国家需要价值导航。二十四字的社会主义核心价值观涉及国家、社会、公民三个层面,勾画的正是当代中国的兴国之魂、社会和谐的发展

[①] 冯芸著《向上的力量》(复旦大学出版社2017年版)。

准绳、人生实现理想的基石。这个价值理想与精神图景的锻造，有着昨天的思考、今天的探求与明天的希冀，应分外珍视。

好就好在让我们未成年人伙伴具体地体会到：社会主义核心价值观的感召力和向心力，不是背诵名词术语，不是空谈概念，空说道理，而是要认认真真实践，特别是个人层面的价值实践，是社会主义核心价值观落地生根的前提。"核心价值"是社会众人"约定"的，它庇荫每一个人，因而，每一个人都应遵从，都应该有责任担当。从小信奉、践行社会主义核心价值观，通过讲、写、做等途径加深理解，提高认识，形成习惯，美化心灵，就能健康成长。其中，"做"尤为重要。就如工农新村小学陈娜小朋友在《讲诚信》中所说"……说话算数，不能反悔。假大空话，不出我嘴……"，做，践行最为可贵。

这本读本给我们未成年人的健康成长提供了正能量，带来了不少好处，但与培育、践行深厚的内涵相比，距离还远，要靠我们中小学生继续践行，继续创作，感人的事例不断涌现，好作品踊跃呈现。我们衷心期待着！

《重温教育经典——一位校长的读书札记》序[①]

杨浦高级中学向玉青校长新著《重温教育经典——一位校长的读书札记》即将付印出版,嘱我为之作序,我有幸先读书稿,学习体悟,甚为感谢。

读书对于人生的价值与意义,古往今来不知多少仁人志士、学者专家进行过精辟深邃的论述,令人头脑清醒,镌刻在心。且不说圣贤之言,即使近现代学者、教授的箴言也使人醍醐灌顶。北京大学教授、哲学家贺麟先生给大学新生作《读书方法与思想方法》演讲时说:"人是能读书著书的动物。故读书是划分人与禽兽的界限,也是划分文明人与野蛮人的界限。读现代的书即所以与同时的人作精神上的沟通交谈。读古人的书即所以承受古圣先贤的精神遗产。读书即可以享受或吸取学问思想家多年的心血的结晶。所以读书是人类特有的神圣权利。"把读书提升到"人类特有"的"神圣权利"的高度,前所罕见,有石破天惊之效。

然而,事物的发展并非总顺理成章。往往认识是一回事,行动又是另一回事。说的是读书怎样怎样重要,而做的时候却由于种种原因跨不出步子,有说的"巨人"、行的"矮子"之嫌。知行本应合一,行是知之始,知是行之成。现实情况是行与知之间的距离看似咫尺,实则天涯。

[①] 向玉青著《重温教育经典——一位校长的读书札记》(复旦大学出版社 2017 年版)。

有人调侃地说:"世界上最远的距离不是天涯,也不是海角,而是'说'和'做'的距离。"由此可见,从有认识、认识正确到身体力行是多么不易。我国国民读书状况不理想,近年来的统计都是年人均读4本多一点,不到5本,与以色列年人均读书60多本差距很大。学校教师读书状况也不乐观。前年我们市教师学研究会对基础教育教师阅读情况曾做抽样调查,覆盖面涉及各区县,汇总起来,年人均阅读量也不超过5本。这确实需要深思。教师的学识、视野、功力,离开了佳作名著精神养料的滋养,难以有实质性的成长与提升,只能在教学技能技巧上游移、飘荡。

在当前社会快速发展变化、价值多元、文化多样的复杂情况下,选择读怎样的书须认真推敲。经典书籍毫无疑义是首选。经典活在时间的深处,价值追求在文字海洋里奔腾。读经典,能打精神底子,增生命自觉。从事教育工作,带领教师队伍前行的人认真读书,钟情教育经典,从中吮吸思想精华,指导教育实践,不仅是自我修养,更是责任担当。

向玉青校长深知其中底里,一贯重视读书学习。在当前教育工作艰巨复杂的情况下,学校要能健康持续地发展,校长更须有定力,有正确的教育理念支撑,辨明是非优劣,指导教育实践,有效地推进教育质量全面提高。向校长的《重温教育经典——一位校长的读书札记》正具体地体现了这种认识的深刻性及亲力亲为。办学者要懂教育,何谓懂教育?就是有教育眼光,有教育"专业"特有的眼光。教育眼光具有道德的重量与学识的能量,教育经典对此能助阅读者获得深刻的启迪,明方向,善思考,增智慧,重创新。在繁重的工作压力下,向校长能挤出时间阅读一百数十本古今中外教育经典,实属难能可贵。表面看是读书,背后支撑的是敬业精神与持之以恒的毅力。读书笔记注意把教育方方面面的卓越见解古今贯通,中外互证,使观点更为鲜明,更为突出。联系当今教育实际,有生动事例,有谬误匡正,醒人耳目,促人深思。由于自身物理专业的优势,讲到中外物理界人与事的教育眼光,更是从容不迫,娓娓道来,似乎引人进入现场,眼观耳听,沟通交流。本书还有一个特点,即凡引述的话语均一一注明其来源,说明出自何人何书何时在何出版社出版,或在何杂志刊登,句句有交代,这大概是学理科的严谨求实作风的表现。我这个粗粗拉拉的人面对如此精细,颇觉汗颜。

祝愿这本书出版后,能结识更多的读书知己,继承传统教育中的思想精华,在时代风云中发展创新,群策群力,谱写立德树人教育新篇章。

《高中议论文难点突破——基于高阶思维培养的"问题解决型专题写作"微型课程》序[①]

白丽等五位老师历经五年研究与开发的实践成果《高中议论文难点突破——基于高阶思维培养的"问题解决型专题写作"微型课程》即将付印出版,嘱我写序。我为他们高涨的课改热情与执着追求的精神所感动,欣然应允。高中议论文写作教学是棘手的难题,如何破解,颇费周章,绝非大而化之空说些写作方法就能奏效。阅读书稿,学习体会,对我而言,也是一桩乐事。

令我感动的首先是五位老师沉潜到学生的写作之中,对议论文练写过程中出现的问题进行排查、分析、归类,梳理出审题障碍、结构障碍、论据障碍、分析障碍、逻辑障碍、语言障碍等几个方面的问题,开展研究,寻觅破解良法。这种从学生议论文写作中的真实问题出发进行教学研究,是真教学研究,一扫从主观臆断出发,空对空的弊病。在确定哪些是真问题时,突破了遣词造句的表层与写作方法的惯例,深入到思维层面,为扫除种种障碍打开一条道路。人是"有思维能力的动物",人人都会想,都会思维,然而,思维不只是随心所欲,东想西想,有意义的思维应是连贯有序的,因果分明,前后呼应。因而,该怎样思维,须得

[①] 白丽编著《高中议论文难点突破——基于高阶思维培养的"问题解决型专题写作"微型课程》(华东师范大学出版社 2018 年版)。

到一定的训练。语言是思维的外壳,抓思维训练,促语言表达,是有效之举。这项研究的定向建立在对语言文字本质属性整体把握的基础之上,科学可行。

其次是面对问题,细加分析,各个击破。不可能一下子扫除障碍,要深入把准各个障碍的性质、特点、来龙去脉,有针对性地一个个破解,方能取得教学的实效。为此,又把几个方面的主问题,剖析成若干个小专题,进行探讨,犹如搭建一个个台阶,帮助学生拾级而上,由个别到部分到整体,一步一个脚印,扎扎实实获得思维与语言的训练。在各个击破的过程中,有两点特别值得赞扬。一是"病例发现"全部来自学生的议论文习作。找学生作文中病例不过是举手之劳,但要诊断出什么病,又具有典型意义,经得起咀嚼、推敲,能给人以启发的,就不是轻而易举的了,得下一番硬功夫才行。这比排查毛病更为用心用力用智慧。正因为功夫下得深,诊病要言不烦,直指要害。二是对症开药方,从理论与实际结合的高度进行医疗。道理简明,事例充分,正误比较,思维训练落到实处。思维是因人而异的,它不是机器可以针对所有问题任意开关的一种设备。不同的人因不同的事物会以各不相同的方式来表明自己的相应意义,诉说的都是自己独特的故事。故而,具体问题须具体分析,指导学生把各种具体事物引起的联想、想象加以排列,分清主次轻重,决定取舍,联结起来,作合乎逻辑的编组,连贯推理,使观点获得有力的支撑。白丽等五位老师深知其中奥秘,故能作适时适度的指导。学生全过程参与,与老师一起发现问题,分析症结所在,寻求克服障碍的良方。这样处理,不仅展现了师生互动的场景,更可贵在学生写作潜力获得发挥,有的学生数易作文稿,品尝到提升思维质量、扫除写作障碍的欢乐。这项历时五年研究、五年实践形成的高中写作微型课程,聚焦真实问题,破解教学难点,有体系,成序列,有过程,讲方法,一定程度地弥补了现行教材中写作教学方面的不足,有现实意义与实用价值。

语文教学第一线的教师能静下心来踏踏实实做教学研究，认认真真开发微型课程，完全是出于教育自觉；而教育自觉又源于对学生的仁爱之心与对语文专业的学术追求。学生议论文写作中的障碍就是教师心中的块垒，非设法搬移、化解不可。把学生的身上事当作教师自己的心上事，这种仁而爱人的情怀令人尊敬。在研究中，哪怕是一点细节，也能反映出对学生的尊重与爱护。作为病例，隐去姓名；作为可借鉴的，姓名标明。师爱就是如此无微不至。议论文写作中提升逻辑思维是块硬骨头，它不是具体事物，看不见，摸不着，只有在语言文字的运用中寻觅其踪迹，加以辨识，佐以有针对性的训练，方能逐步取得成效。五位老师迎难而上，探索追求，既表现了教学改革的勇气，也反映了对专业提升的不懈追求。打铁还须自身硬，要教出学生写作的真本领，教师自己就得深入底里，把握其中精髓、要义，在学术上更胜一筹。这方面，对我而言，也是具有启迪意义的。

　　原本被邀作序，阅读书稿，深受启迪，只得以肤浅体会代序。祝愿阅读该书的师生能从中获得更多的启发与借鉴。

《爱的语文——赵群筠课堂教学实录》序[①]

读赵群筠同志的书稿,我这名耄耋之年的老教师不断地被感动着,这,这就是语文。清华大学教授、诗人郑敏说得好:"每个汉字都是一张充满了感情的向人们倾诉生活的脸。"语文就是人生,伴随人的一辈子。语文课堂的诗意,语文教学巨大的吸引力、感染力也源于此。

赵群筠同志的语文教学不拘囿于一般固定的教学模式,彰显的是语言文字表述生活的表现力与生命力,交流的是一名名求学者带着生活的体验与感悟,推敲语言文字传达情意的功能,品尝它们此情此景中蕴含的神采与奥妙。课堂中,听不到名词、术语大串联,看不到装腔作势的烂表演,而是语言的交汇,情意的沟通,文本中人、景、物的生存状态、发展变化在语言文字有温度的引领下,悄悄潜入学生心中,学生又以自己有限的生活经历,借助语言文字开展无限的想象,捕捉文中生活的真实、艺术的表达。这是一种敞开内心世界的人与文的沟通,此情此景与彼情彼景的贯通,心灵与心灵的碰撞,独特的理解、语言的不凡犹如火花在课堂里闪烁发光。

这不得不归功于执教者的精妙设计。语文教学相当大的难处就在于学生与文本之间的"隔",学生经常情况是在文本外围转,这个字词,那个句子,摆弄摆弄,能"如闻其声""如历其境"已很不错了,真正步入

[①] 赵群筠著《爱的语文——赵群筠课堂教学实录》(中国人民大学出版社 2018 年版)。

文本之中,特别是经典诗文之中,"身历其境",眼观、耳听、手抚,呼吸与共,心灵感应,确非易事。而只有真正消除这种"隔",学生进入文本之中,才能真正体悟到文本的精神价值、思想情感,语文运用双丰收,享受语文素养提升的快乐。赵群筠同志以生活体验、生活感悟为金钥匙,打开学生的心扉,拆除文本的壁垒,由此观彼、由彼量此、由表及里、由里衡表,贯通思考咀嚼,创造教学的精彩。

这种"打开"有三个显著特点。一是尊重学生,从学生熟知的生活细节入手,引发学生对文本中生活的好奇与追寻。钥匙插入"孔"中看似平常事,但转动后是锁的开启。二是教学措施开放式。不拘泥于教学某一程式、问题的某个标准答案,而是让学生充分表达,知无不言,言无不尽,适时适度地启发、点拨;学生是学习的主人,邀请家长、作家、译者共同参与,从不同视角进行探讨,拓宽学生思维的广度,开阔学生的视野,增添阅读的厚度。以课内阅读带动课外阅读,或单篇,或整本书,既提升对文本阅读的深入理解,更是培养对阅读的不懈追求。三是动用多种教学工具增添教学的直观性、形象性,激发学生学习的兴趣。语文教学并不是板着面孔上课,感情的细流在课堂里蜿蜒流淌,或轻轻的喜悦,或淡淡的哀愁,或弘毅的憧憬,或顿然的释怀,在语言文字的徜徉中,学生的心灵世界潜滋暗长。

精妙的教学设计源于对语文专业的钟爱与对学生的仁爱之心。摆脱了把上课只当作知识传授、机械操练工具理性的桎梏,而是当成与学生的美好约会。因而,充分准备,浸润于文本的深处,钻研,深挖,独立思考,斟酌推敲,把握文本的价值所在,寻觅贴近的方法施教。因而,万分期待,期待莘莘学子打开心扉,进入语言文字铸就的宝山,探宝,觅宝,捧宝而归,感受他们的喜悦,分享他们求知的幸福。语言文字是直指人心的,语文教学本应不拘一格,重在创造,因时因人而异。但不管教学模式怎样创新,都应目中有人,对学生语文素养的全面培育有仁爱之心;都应胸中有书,对语言文字呈现的价值、功能准确地把握。赵群筠同志深知其中奥秘,不懈地为此而努力。

本书还有一个启人深思的亮点,即课的观察者的评说及受教学生的上课感言。虽是星星点点,但要言不烦,助读者领会课全貌的精神所在。

我这名耄耋老人无辜进入洋溢着生活气息的生命涌动的课堂学习、感受,只能就书稿所述表达一点粗浅看法,请语文同行不吝指正。

《初中作文训练技巧》序

《初中作文训练技巧》凝结着作者的心血,是一本内容充实很实用的书。我想循着书名所标举的内容,说几句话。

首先,讲一讲"初中作文"。在语文教学中,初中作文教学应该十分重视,务使学生在初中阶段切实打好"写"的基础。教学上似乎有这么一条规律,即学生在一定阶段必须完成这一阶段的学习任务,没有完成或完成不好,以后加以补救,往往事倍功半,并会影响日后的学习。以写作而言,学生从小要练就写的幼功,幼功好,一生受用不尽。训练不到家,从小文字不通顺,往往一辈子写不好。青少年学生打好写作基础的关键,正是初中阶段有成效的作文训练。作文是综合运用语言文字的训练,既练思想,又练文笔。一般说来,学生的知识和见识到了高中、大学,就会大大地丰富和发展。如果学生在初中阶段没有打好写的基础,不懂写的"规矩",文字不通顺,不达意,进入高中、大学,见识长足发展,文笔就会越来越不能驾驭思想,下笔时力不从心,捉襟见肘。如果写作基础扎实,写来文与思相得益彰,文章越写越精彩。初中阶段作文教学之重要于此可见。

其次,讲一讲"作文训练"。长期以来有这样一种说法:学好语文只需"多读""多写"。从学生学语文必须多多实践这一角度来说,这种说法有点道理,无可厚非。只是"只需"两字似乎把话说绝对了。无疑,学生要写好作文当然得多写,但懂不懂得写作方法大不一样。懂得方法,就会少走弯路,学起来容易,进步就快。当然,只空洞地讲方法,不去写,也无济于事。纸上谈兵从来就是笑料。以前大学里流传一个笑话:一位教授教了一辈子"小说作法"课程,但从未写过一篇小说,也无能力写小说。这件事的可笑在于纸上谈兵,并不是说写小说的原理和方法无须探求。这本书是作者多年作文教学实践的结晶,它既阐明写作原理和方法,又注重指导学生写作实践。书中举了许多实例,这些实例多是学生作文实践的成果,作者细心剖析,青少年读后定感亲切,有利于掌握书中介绍的写作原理和方法。

再次,讲一讲"训练技巧"。历来讲技艺的传授总谈到"规矩"和"巧",往往认为规矩可循,而"巧"难传。孟子就说过:"梓匠轮舆能与人规矩,不能使人巧。"这句话告诉我们掌握窍门不易,但在某种意义上说,这"巧"并非完全无法传授。这要看教者是否真正有心得体会,没有心得体会,则教者已无"巧"可言。若有心得体会,教者不会启发点拨,有"巧"也是白搭。教师要善于把"规矩"和"巧"教给学生,而学生则应通过认真学习,努力把它们学到手。本书的作者对于指导作文深有心得体会,他们能点在关键要害处,把作文的"巧"也教给学生。读者只要仔细读一读例文后的"简评"就能发现。

由此可见,《初中作文训练技巧》一书,既讲原理,又有实例,既严格要求打下扎实的作文基础,又善于启发点拨读者举一反三地解决问题,它无疑是指导青少年作文训练的好书。

最后还得指出,本书是指引作文"门径"的书,作者把读者引进了"门",指上了"路",可是路还是要自己去走的。

为平凡教师教育诗篇专刊作序

这本专刊聚集了数十篇令人感动的教育诗篇。

它不是出自诗人瞬间闪发的灵感,也不出自小说家运筹帷幄的虚构,它出自平凡的教师在教育生涯中用心血与智慧浇灌学生成长的真实写照。它记述的一件件事那么普通,普通得像空气一样,天天伴随在我们身边;它表达的感情朴素,朴素得无丝毫涂脂抹粉的装扮;它诉说的意愿真切,深情可掬,一片冰心在玉壶;它仰望天空,追求高尚,心中揣着党和国家的殷切期望和千家万户的谆谆嘱托,追求把自己的生命融入育人的使命之中,促进学生全面发展、快乐而健康地成长。

爱是教师教育力量的情感源泉。没有爱就没有教育;教育只有充满爱才能进入学生的内心深处。师爱是教师素质的核心,也是教师从业最基本的要求,学生是活泼泼的生命体,独特、多样,蕴含着潜在的能量。教师对学生真心真诚真情,就会目光敏锐,善于发现。哪怕是一个不显眼的小手势,一个眼神的细微的变化,都会有心灵的感应。积极思考,情理相融,作出正确的判断,选择恰当的方法,启发、点拨、呵护、引导,把爱撒播到每个学生的心田。学生成长的过程中遇到一位懂得爱、善于爱、撒播爱的好老师,心灵获得雨露浸润的甘甜,先天的优势就会逐步变成后天成长的动力,潜能就会逐步变成发展的现实。学生成长过程中体验到师生情的温暖,体验到学校情的温暖,就会推而广之,珍视亲情,珍视人间的温暖。情感世界有这样的底色,学生就会成长得青枝绿叶,生意盎然。

善于爱,必然涉及因材施教的智慧。智慧不等同于知识,不是2+2=4的标准答案,而是要因人因事因时因地采用最合适的方法、最得体的语言关心、照顾、引导、鼓励。一名小学生回家郑重其事地对母亲说:"你三天不要给我洗头,今天老师摸了我的头。"当这位家长激动地对我说这件事时,我内心一阵酸楚。这个孩子调皮捣蛋,没少挨批评与冷淡,老师一个亲昵的摸摸头的动作,就使他受宠若惊,感动不已。适时适事,师爱就发挥育人的力量。

语言有温度,字词知温暖。教师与学生语言沟通,要亲切、真挚、温情脉脉,切不可冷若冰霜、粗言秽语、讽刺挖苦。教师的教育语言不仅是符号,而且是艺术。只要心中充满了对学生的爱,就会循循善诱,从不同角度不同层面悉心开导。哪怕是分量很重的批评,也不能伤害学生,尤其是学生的自尊心。人是有尊严的,每个学生都应受到老师的尊重。有人曾经打了这样一个生动的比喻,说:"好的语言,应该像一壶酒,使人沉醉三天三夜不思归,甚至在梦中还能唤醒味觉。"教师不断用对学生赤诚的爱来磨砺语言,清除杂质,教育语言就会如蜜一样,对学生有吸引力、感染力,甚至震撼力,使学生沉醉的程度恐怕就不仅仅是三天三夜不思归了。

许许多多老师坚守自己的岗位,用爱浇灌学生成长,这本专刊正是起交流、促进的作用,我们期望爱满天下,师爱撒播到每一个学生身上,每一个学生心中。

《语文与语言——基于语言艺术的语文教育》序

陶本一教授的专著《语文与语言——基于语言艺术的语文教育》出版,嘱我写序。我深知自己笔力不济,难以写出其精髓之一二,甚感惶恐。然而,30余年的深厚友谊又迫使我非言说几句才觉心安。于是就有了下面的这些倾诉。

对语文教育的倾心热爱与执着追求,凡熟悉陶教授的人无不为之感动,我更是敬佩不已,以他为榜样。20世纪70年代末,教育刚刚从被摧残的灾难中走出来,语文教育尚未恢复创伤,师生可阅读的报章杂志稀少得真如凤毛麟角。在如此知识荒漠的背景下,他先思先行,力克种种艰难,为语文教师创办了《语文教学通讯》刊物,传播教育理念,交流语文教育信息,介绍语文教育经验,解析语文教学内容,为语文教师从事教学实践提供诸多帮助,我也是受益者。

80年代初,农村广大语文教师由于业务书籍的奇缺,教学中困难不少。如何提高语文教学质量是语文教师心中挥之不去的问题。就在此时,陶教授提出编一套供中学语文教师备课用的工具书,帮助教师解决教学和进修中迫切需要解决的困难,促进语文教学质量的提高。当时编写这套12册的《中学语文备课手册》可贵之处在于有创新的意识与做法。它们不是一篇篇课文分析文章的汇编,而是由"教材总体说明""单元教学建议""单篇教材教学建议""单元检测题"四个模块组成。以

"单篇教材教学建议"而言,就有"教材研究""训练内容""教法建议""附录"。以"教材研究"而言,就有"背景简介""疑难词句举要与辨析""重点难点讨论""启迪思维、深究问题"。这套备课手册既注重科学性、实用性,更注重启发性与选择性,让不同程度、不同层面、不同情况的初中高中语文教师、城市农村语文教师均可从中受益。这种设计理念在当时可谓十分先进,不是就课论课提供教师备课的现成材料,而是着力于教师的业务进修,开阔视野,学会选择,自主组合。使用过这套书的教师,有的已从青年步入中年,有的已从中年步入老年,仍念念不忘它对自己的启发、引导与较大的影响。

对学生语文能力、语文素养的关注与培养,陶教授更是放在心上,并在行动中认真推进。创办中学生阅读的第一张语文专业报纸《语文报》,覆盖全国。各类语文知识,各种文体的佳作,师生心灵对话,吸引了众多青少年,激发了青少年学生对祖国语言文字的热爱。更令人鼓舞的是围绕提高学生语文能力、语文素养组织许许多多课外语文活动。有的是地区性的,有的是全国性的。有开创性的不少,醒人耳目,催学生在学习语文道路上奋进。如全国中学生阅读评选赛,在推荐大量读物如文学作品、科技作品等基础上,评选出10本最佳读物。显然,尊重了学生的阅读自主,又引领他们提升判断能力。又如全国16个城市中学生语文知识竞赛在中央电视台直播,从内容到形式都是开创性的。且不说必答题、选答题的设计,单是即兴口头作文、即兴采访,就使人耳目一新。让师生明白,也让观众明白,学生语言与思维能力的提升,实践锻炼必不可少。此后,电视台直播各领域知识大赛如雨后春笋。至于举办写作夏令营、组建《语文报》小记者团等活动,不胜枚举。那时,人似乎比较简单,办报收入用在学生身上天经地义,组织活动的目的不是利益驱动,而是免费参加,师生得益。陶教授这方面率先垂范,今日看来,实属难得。

也许由于面对中学师生语文实践，陶教授的语文学术研究总是立足于深入了解语文的教情与学情的基础之上，因而，提出问题，阐释剖析，针对性强。研究的聚焦点往往是纵观百年语文教育史，横向借鉴国外语言教育的利弊得失，经过深思、提炼，因而，总能提出自己独特的见解。比如对"语文"的阐释，大家熟知的通常说法是"语言文字""语言文学""语言文化"，他在研究的基础上，明确提出"语文"至少应有三个方面。一是作为"天赋"的"语文"，即人类生而获得的语言本能，是人类大脑里预设的语言器官和文法基因，是习得和学得语言的前提和基础。二是作为"素养"的"语文"，是指人在言语实践中，通过不间断的、大量的交流和学习，逐渐习得、学得和内化了的一种综合语言素质。三是作为"学科"的语文，是一个系统培养综合语言素质——能够自觉地、理性地、熟练而艺术地运用语言——的逻辑体系，它更强调"学得"，是"天赋"和"素养"之间的重要通途。如此阐释，一下子打开了拘囿于"语言"加"文字、文学、文化"的思路，提升到以人为本、人的语言发展规律的高度来探索。陶教授研究语文的着力点一直在语言文字的应用方面，意图解决语文教学"学什么"的问题。他先后提出的"语言素质""语言技能或能力""语言艺术"等，均围绕此而逐步深化。特别是任上海市第二期课程教材改革中义务教育阶段语文教材的主编以后，他参考国外语文课程标准，对语文课程与教学目标和内容的探讨又推进了一步，明确提出："语文是应用性学科，学习语文是为了更好地使用语言，提高运用语言的技巧和能力，要知道，语言的力量是伟大的，而语言的力量就是语言的艺术。"显然，他的基本观点是：语言学习主要是学习语言艺术，让学生提高运用语言的技能技巧，发挥语言的力量。换言之，语文课程与教学的目的就是让学生通过学习"语言艺术"而获得"语言艺术"。这对语文教育又提出了进一步深入研究的问题，是否能厘清语文课程与教学中的诸多乱象，有待进一步的科学论证，实践验证。

不懈追求,执着追求,为了切实提高语文教育质量,为了充分发挥母语教育在学生成长过程中的独特作用,他一直孜孜矻矻,行走在寻觅语文教育规律的征程中,以此为责任,以此为快乐。

我是一名课堂教学实践者,理论素养浅薄,说上面一些话并无评论之意,仅聊表对这名多年好友的敬意,祝贺他新书出版,在读者中找到知音。

《我走过的路》序

拜读龚德元老师的书稿《我走过的路》,似乎一位历经沧海桑田变迁的教育老人精神矍铄地伫立在眼前。她用慈爱的目光、充沛的感情向后辈青年娓娓叙述她的人生之旅,她的追求与梦想,她的执着与奋斗,她的为人之道、为师之道、为家庭一员之道、为社会成员之道。年年岁岁几十载,一件件,一桩桩,那么质朴坦率,那么亲切自然,文字传情达意,读着读着,会情不自禁地对照、思考,受到教育与感染。

全文所记述的所思所想所言所行,无不洋溢着善良之性。中国人特别讲性善,做人要心地善良,富有同情心,不仅要善待自己,更要善待他人。孟子认为人性本善,《大学》开宗明义就说读书求知"在明明德,在亲民,在止于至善",做人要彰显内心的美德,不断自我修养,达到"至善"的境地。善良是人的本性,但由于社会上种种诱惑与污染,有些人三寸柔软的心僵硬了,私利当头,个人第一,已不知善良为何物,对家庭对社会的不良影响昭然若揭。龚老师数十年如一日坚守善良的本性,对长辈、同事、学生、子孙总是真诚地善待,以吃亏为己任,因而,家庭和谐,学校和谐,邻里和谐。不仅顺境如此,逆境中更是考虑得周到。且不说工作单位,单是家庭十多人的关系处理得温暖、融洽,就堪为模范。家庭是社会的细胞,家和万事兴,一名优秀教师在家庭中也应是个优秀成员,心地善良,善待长幼与同辈,这是其乐融融的基础。

40年教育生涯彰显了龚老师的一颗仁爱之心。她坚信"没有教不好的学生",所谓"差生"不一定是"差"的,"好"与"差"往往在不断变化中。为此,她千方百计地发现他们身上的闪光点,以优点来克服缺点。发动同学和家长一起努力,帮助孩子进步。龚老师对每个学生都是倾心教育,深入了解,根据每个学生家庭、知识基础、性格、习惯、智力、才能的不同情况,因材施教,不仅引领他们在学业上有长进,更在做人上领航,让他们懂得了做人的道理。一名名学生成长了,成人了,成才了,其中无数的生动故事都是用心血谱写而成的。龚老师这样来直抒胸臆:"我太爱孩子了,在我眼里他们都是国家的宝贝!"确实,把每个孩子看作国家的宝贝,每个孩子都倾心培养,这才是真正的师爱。教师与学生没有血缘关系,因为肩负着国家的嘱托,培养这些宝贝,那就是一种使命,一种责任,超越了血缘关系的亲子之爱。这是一种大爱,一种仁爱。有一颗仁爱之心,才能真正把爱的阳光撒播到每个学生的心田,给他们以春天般的温暖,使他们耳濡目染,真切感受,对学习对生活对未来充满希望。仁而爱人,心中总有别人,总有学生,师生共同成长,教育工作必然朝气蓬勃,有旺盛的生命力。仁爱之心并未因退休而有丝毫的淡化,出于教师的"本能",龚老师退休后不仅喜欢为亲戚、朋友、邻居的孩子无偿补习功课,还把菜场上素不相识的摊主的女儿和修鞋匠的孩子拉到家里来无偿进行辅导,这大概就是进入了陶行知先生所倡导的"爱满天下"的境界。仁爱之心真是魅力无穷!

20世纪50年代龚老师就被评选为"上海市优秀教师",那是中华人民共和国成立后在上海中小学教师中首次评选,获得此项殊荣十分不易,工作中若无突出贡献是不可能的。更可贵的是龚老师在数十年的教育生涯中,不管担任学校什么职务都带领大家实干苦干,不断创造新的业绩,不断为"优秀"增添厚度,增添色彩。为什么能持之以恒地执着追求、坚韧不拔?关键是理想和信念的支撑。经历了新旧社会两重天,真切体会到只有共产党才能救中国,只有共产党领导,人民才会有幸福生活,也真切体会到只有加入伟大的中国共产党,成为组织的一员,忠诚党的教育事业,才是生命的真正价值所在。对于一名宗教信徒来说,树立这样的理想与信念,世界观、人生观、价值观起了翻天覆地的变化。扬弃旧思想,树立新观点,接受组织的考验,坚定不移地追求,有痛苦,有欢乐,从不灰心,从不气馁。这种追求真理、勇于自我批评、扫除自我障碍的精神,造就了她的精神脊梁,造就了她人生的春天。人无志不立,没有志向,没有精神支柱,就站立不起来,就会浮游无根,被刮来的各种各样的风所左右,分不清是非黑白,辨不明前进的方向。在复杂多变的环境中,轻则蹉跎岁月,重则对社会起负面作用,乃至危害社会。对今日的后辈而言,树立理想、信念,执着地不懈追求,龚老师是学习的榜样。

工作一辈子,感恩一辈子,感恩党,感恩祖国,感恩社会,感恩同事,感恩家人,付出炽热的爱,付出辛勤的劳动,言传身教,为的是引领学生打好扎实的做人基础,走好有价值的人生之路,真情可掬。

回忆录,往事钩沉,这位可敬的老人的心灵真是坦荡荡!

《中师生教育教学实用文体写作指导》序

　　一般说来,中师生对如何教课、如何把课教好比较重视,而对未来工作中写作的重要性很少意识到。其实,"写"是十分重要的。语言文字是表情达意的工具,它的实用功能在各行各业工作中均居于首要位置,教育教学工作中当然也不例外。在日常教育教学工作中,除了"说"之外,"写"是经常性的。教案,要写;教学实录,要写;品德评语,要写;工作总结,要写……为了切实做到不断改进教学,提高教学质量,我们主张教师要搞点科研,搞科研要调查研究,搜集材料,进行论证,更要会写。因此,在中师学习阶段,必须对学会写有充分的认识,并且须有计划有目的地进行训练,不遗余力地去掌握。

　　许多人都有这样的体会:自己心里似乎已经懂得的事,要准确有条理地讲出来不容易;一件事虽能讲得头头是道,可是要清楚明白地写出来更难,有时竟不知如何落笔。须知,从"懂"到"讲"是个飞跃,从"讲"到"写"又是个更大的飞跃,不有意识地做艰苦的训练,是很难完成这个过程的。由于日常生活中开口就要讲,锻炼机会多,口头表达能力比较容易步步提高。写的机会少,又怕写(当今教师怕写几乎成了通病,应大力克服),主动去锻炼的少,因而写的方面进步小,掌握难。由此可见,完成这第二个飞跃更困难,更要求我们及早立志去千锤百炼。

　　初学写作,往往一是苦于不知写什么,二是不知怎样写。前者是指言之有物,其实这"物"在日常生活中比比皆是,教育教学工作中能入文章的"物"就很多；后者则要求懂得一些写作知识，掌握一点写作技巧。《中师生教育教学实用文体写作指导》一书即是出于这种实际需要而编写的，意在为培养小学师资和帮助在职小学教师提高写作水平做出贡献。书中各个课题的提出切合小学教育教学工作的实际，言之有物；每篇有"文体介绍""写法提示""例文"和"简评"，要言不烦地介绍各种有关实用文体的基本知识和技法。倘能认真阅读，反复练习，定能取得举一反三的效果。

书中有"怎样写下水作文"一章，意思是教师要求学生写作文，首先自己也要能写。这"下水"二字实在有意思。曾记得有这样一则讽刺小品：某人进函授学校学游泳，理论考试名列榜首，朋友们得知，纷纷向他致贺，并要求他表演一番，哪知此人一"下水"，再也没有冒出水来。可见，事事都不能空谈，贵在于真正能"下水"。本书的作者们确实是认认真真地下水，为学生做样子的。从这个意义上说，中师生也能从中得到教益。

希望广大中师生通过学习，能写出合乎规格的各种各样的教育教学实用文，并从中提高认识水平和文字素养。

《单元作文同步导引》序

有人说:"人生作文糊涂始。"小学生一二年级识字时似乎规律比较好循,进步也比较明显;而一旦作文,难度陡然大增,任教者有时迷茫,学生有时有畏惧感。究竟走哪条路,初学作文的儿童才能兴趣盎然地顺道而上,切切实实提高写的能力呢?《单元作文同步导引》这套书可打开思路,提供有益的参考。

读与写有十分密切的关系。读得好,理解了,写起来也就方便。儿童模仿性强,读的时候指导得法,紧紧抓住课文中一两点写作要点进行训练,学有榜样,学有规范,儿童从中吸取养料,下笔就不怎么难,不怎么涩了。《单元作文同步导引》精选借鉴的课文,简明扼要地阐明这些课文在写作方面可给儿童的启发,然后,由"读"过渡到"写",围绕"训练点"作具体而浅显的提示,衔接自然,便于接受。

从"说话"到"写话"是一个飞跃,从"写话"到"作文"有相当的台阶。其中,有词句问题,有篇章问题,有材料问题,有学会有条理地思考的问题,有观察能力、想象能力等问题。如果笼而统之不分步骤、不分阶段进行训练,儿童犹如老虎吃天,难以收到写作上的实效。《单元作文同步导引》考虑到训练的实效,排列了每个单元的训练点,有计划地作写作上的"分解动作",一个"动作"一个"动作"进行训练,由"点"到"面",拾级而上,写的能力就会逐步提高。

"例文"后的"简评"紧扣训练点的要求,这样处理,重点突出,使"例文"充分发挥观摩、借鉴的作用。"参考问题"不停留在只是出几个题目,而是在"题析"上下功夫,有几句点睛的话,对学生动笔起导向作用。

《单元作文同步导引》作者队伍的组合是老新结合,由中等师范学校、小学的有丰富语文教学经验的教师和中师毕业不久的青年教师,根据儿童学写作的情况深入研讨,撰写而成。以老带新,新老合作,可谓特色。更为难得的是,该书的编写与鲍志伸、柳泽泉、贾志敏等老师主持下的上海市浦明师范和上海市三所中心小学(浦师附小、昌邑路小学、黄浦区二中心小学)协作进行的"小学作文教学总体分步改革"的实验同步,故而既有较为丰富的教学改革的实践经验,又能在写作知识、写作训练程序上作具体的探索。该书对初学写作的儿童是可亲的老师,对指导学生写作的语文老师和家长来说,也是有益的帮手。

愿读者喜欢这本书!

《中学生优秀演讲稿选评》序

中等学校里开展演讲活动,是学习语文的好方法之一。青少年学生通过演讲活动,既练了口,又练了笔,这样可以把说和写有机地结合起来。

演讲得有稿子,不是书面稿,就是腹稿,否则信口开河,言不及义,效果不会好。有一则关于陈毅元帅作报告的轶事,很有意思。一次,陈老总作报告,一本正经拿出讲稿,看着讲稿,讲得很生动,效果极好。报告后,有人一看稿子,原来是白纸,一个字也没有。那人问是怎么回事,陈老总风趣地说,我要是不拿稿子,有人会说我没有准备,信口开河,不严肃。其实,陈老总哪是信口开河,而是成竹在胸,这"成竹"就是腹稿。演讲总得心里有数,讲前周密考虑,讲时挥洒自如,效果就会比较理想。这种演讲记录下来,加以润饰,一定是好文章。今天我们还能读到的古希腊名文,其中有的就是当时著名演说家的演讲稿。

从腹稿到会场上讲,从讲到整理成演讲稿,要经过讲出来、写出来的两次飞跃。有人尽管满腹经纶,可惜吐露不出;有人尽管口若悬河,滔滔不绝,但讲得空洞无物,最后也不可能整理出好的文章。由此可见,一篇出色的演讲稿,必须是经过很好的练口、练笔的产物。我们面前这本书,里面所选的就是中学生的优秀演讲稿。

人们往往以为只要有口才一定会讲得好,以为演讲只是练口才,这其实是误解。思想贫乏,内容空洞,口才再好,也打动不了听众。好的演讲能使听众动容、动心,听时津津有味,听后常起作用。这就要求演讲有充实的内容,独特的见解,有说服力,有感染力。一场精彩的演讲,对演讲者来说,思想、学识、口才三者必须具备,缺一不可。《中学生优秀演讲稿选评》就是根据上述要求而精心编印出来的。

全书一共编选了全国15个省市中等学校的120余篇优秀演讲稿,题材广泛,内容充实丰富。其特点有:

首先,很好地反映了社会生活。所选稿子有关于亚运会、抗洪救灾、禁赌、人口问题、环保问题等重要内容,时代气息和生活气息浓厚,可说是我国当今社会的一面镜子。

其次,切实结合中学生实际。书中有不少以校园生活为题材的演讲稿,如尊敬师长、学习雷锋、竞选干部、团结友爱、热爱学习生活等。中学生讲自己,写自己,分外亲切。

再次,文字优美,语言生动,风格多样。有的热情奔放,直抒胸臆;有的思维深沉,勇于探索。记叙、说明、议论,色色有之。青少年学生既可从中学到如何讲,又可学到如何写,对提高语文水平很有帮助。

特别值得一提的是,本书的思想性强。这里有中学生对祖国母亲抒发的深深的爱,有扬起风帆在人生道路上奋发前进的美好理想,有向雷锋学习开创生活的高尚情操……这些都是青年人最宝贵的东西,有了这些,就能做有道德的人,做对于社会主义祖国有益的人。

学校的演讲活动,一般来说,总是事先有准备的。先有演讲稿,然后讲。《中学生优秀演讲稿选评》一书给你提供了有用的教材,帮助你思考问题,组织文字。当然,即席演讲比赛也常举行。"即席",也要打腹稿,平时多接触演讲稿,多积累,就会临阵不慌,发挥自如。从这个侧面讲,本书的问世,也是有意义的。

《给你一把金钥匙——学习语文十法》序

近几年来,出版界出了不少各科辞典,估计有百十种,名目繁多,五光十色。1983年,上海辞书出版社编印了《唐诗鉴赏辞典》,出版以后不胫而走。于是,各地闻风而动,立刻纷纷上马,不久,各个朝代的诗、文、词、曲等鉴赏辞典接踵而至。风向四面八方刮,刮到各科各门,于是这"手册"、那"大全",纷至沓来,着实热闹。但像《给你一把金钥匙——学习语文十法》这样一本专门介绍语文学习方法的书,则不多见。

本书是讲学习方法的。毋庸置疑,方法十分重要。爱因斯坦说:"成功＝艰苦的劳动＋正确的方法＋少说空话。"可见正确方法之重要。有些人认为方法不重要,更有人认为"巧"不能传授,奥妙只是心中有数。认为方法不重要的说:"学生只要苦读,久而久之,就会豁然贯通。"认为"巧"不能传授的说:"梓匠轮舆能与人规矩,不能使人巧。"其实方法很重要,能否掌握正确的方法关系到效果的好坏。无论学习或工作,方法正确,事半功倍,否则,事倍功半。"巧"也并非完全不能传授,只要教者善于启发和点拨。这本书凝聚了作者的心血,全面系统地介绍了学习语文的方法,作者善启发,善点拨,既切实给人以学习语文的"规矩",又把"巧"传授给青少年学生。

最后,说一说如何读这本书。一是不能为方法而方法,只求一条一条背出来。须懂得,关键不在于背教条,而在于实践,在于能否善于运用。背出来不算懂,做出来才真懂。空口说白话,即使说得天花乱坠,也无补于事。二是把握本书可"读"可"查"的特点去学习。读,了解全面,以期应用;随查随用,以求在一点上加深认识,进一步更有系统地全面了解书上的道理。如此"读读用用""用用读读",久而久之,你一定会把这把金钥匙牢牢掌握在手中,有效地打开语文学科宝库的大门。

文前絮语
——《希望之光》序

上海市教师学研究会迎来了十周岁的生日。在这值得庆贺的日子里，理事会编辑了论文集《希望之光》以志纪念。在此想借"光"说几句，"十年辛苦不寻常"。

我们这个学会从成立的第一天起，就与教育事业紧密相连。它的成员分布在大、中、小、幼等各级各类学校，有学术上知名的教授、副教授，有成果丰硕的研究员、副研究员，有辛勤耕耘、成绩显著的中小幼特级教师，有春风化雨润物无声的高级教师、讲师。这个教师群体除了在各自岗位上兢兢业业教书育人外，十分关心和支持学会的工作。十年来，学会在一无经费、二无专职干部的情况下，开展了多种多样学术活动、教学活动、研究活动、展览活动，全赖会员的积极性、主动性、创造性和奉献精神。有些活动不仅在全市，在全国也产生影响。

如早在1987年7月就应全国教育工会之约召开《教师法》草案讨论会，书面汇报受到好评和重视；1988年受国家社科重点科研项目"上海教育发展战略"课题组委托，对中小学教师社会地位、待遇以及新闻、出版、文艺界高中级知识分子的现状开展调查，撰写了《需要综合治理，更需要自尊自强——对中小学教师地位、待遇的调查与思考》和《实行大系统协调、动态管理》两篇调查报告，刊登于复旦大学出版的《上海教育发展战略》一书，前一篇调查报告获得1989年社科优秀论文奖。又如先后在上海、宁波召开的第一届、第二届"语文教学发展战略研讨会",参加者来自 17 个省、市、自治区,送交论文近 200 篇,反映良好。

进入 20 世纪 90 年代,进一步参加了深化教育改革的活动。如举办小学思想品德研讨会,举办上海市小学语文教学发展战略研讨会。为了激发小学青年语文教师、青年数学教师的教改积极性,先后组织了全市小学语文教师和小学数学教师新星教学竞赛活动。参赛对象由上海市各区县教研室初评并推荐,再经评委对参赛教师的公开课进行集体评定。活动面广人多,课有一定质量,听课教师多达千人,取得了良好的社会效果。

此外,学会曾与上海电视台联合摄制《教师——太阳底下最光辉的职业》节目,在电视中多次播放。教师书画篆刻专业委员会多次举办教师书画篆刻展览。1987 年 9 月首届书画篆刻展览,江泽民主席(当时任上海市市长)题写了会标,谢丽娟副市长参观了展览。每届展出作品达百余件,受到好评。至于讲学活动、举办报告会等就不一一列举了。

每次开展大型活动,都收到来之于教育部门和社会的鼎力相助。如上海大桥广告公司、杨浦区教育局、虹口区教育局和闸北区教育局。在此,向他们表示衷心的感谢。

《希望之光》中的论文是教师在自己的岗位上长期从事教学实践的经验之谈,或从宏观上论述,或在微观上剖析,有理有据,皆倾注心血所成。由于篇幅所限仅辑数十篇,但窥一斑知全豹,教师忠诚于教育事业的风采仍清晰可见。建设事业的希望在教育,教育的希望在教师。教师加强自身的修养,德才兼备,生命就闪发出动人的光彩。

祝愿教师学研究会在今后的十年中为教师服务得更好,开创新局面,做出新成绩。

《爱心的灌溉》序

教育事业是爱的事业,离开了爱,就无从谈教育。记得夏丏尊先生曾打过这样一个比喻:"教育之不能没有感情,没有爱,如同池塘没有水,就不为池塘一样,没有感情,没有爱,就没有教育。"确实如此,学生在学校接受教育,是在师爱的浓郁氛围中成长的,长征中学的老师们深知其中底里,以赤诚之心谱写了一曲曲爱生的乐歌。

教育无选择性,孩子只要生长在我们祖国这片土地上,我们都有责任培养他们健康成长。师爱是培育他们成长的催化剂,教师要把爱撒播到每个学生心中。真正做到这一点,十分不易。学生素质有差异,智力有高低,文化基础有强弱,接受能力不尽相同。对他们同样的要求,不可能取得同样的结果,付出同样的心血,也不可能指望有同样的收成。这就需要教师有一双慧眼,能发现每个学生身上的优点、特点,因人制宜,因材施教,使他们的内在潜力都得到最大的发挥。慧眼从何而来?源于爱心。对学生满腔热情满腔爱,学生身上的特点、存在问题,就会十分关注,细心研究。本书中一篇篇文章正是关注与研究的写照。

在多元经济并存、多元文化碰撞的今天,教师工作,尤其是班主任工作所遇到的挑战前所未有。中学生脑子里绝非白纸一张,各种文化,尤其是通过传媒通过网络渠道,在学生心中会形成种种冲击波,甚至留下深深的印记。面对文化中的泥沙俱下,鱼龙混杂,价值观的纷繁正误,如何引导学生提高鉴别的能力,打好做人的根基,教师的积极引导就必不可少。引导,指点,最为重要的是要有一颗真诚的心。学生幼稚,不懂事,不成熟,乃至存在这样那样的缺点与错误,是十分正常的;如果他们什么都懂都会,都很完善,还谈什么教育,还要我们教师干什么?教师就是要以心换心,以真情感动学生,引导和帮助学生长善救失,不断发扬自己的优点与长处,不断克服自己的缺点与不足,健康成长。陶行知先生说过,千教万教,教人求真。要培养学生做真人,教师就须以身作则,做出榜样。以真诚对待学生,与学生心灵才能真正沟通,取得良好的教育效果。精诚所至,金石为开,本书"真诚架起心灵桥"等育人文章就是以真诚实施爱的教育的明证。

独木不成林,教师个人的力量毕竟有限。要形成良好的班集体,要让每一个同学走向精彩,教师群体的互帮互学,发挥团队作用至为重要。班主任在学生思想道德素质教育方面义不容辞地担纲,而每位任课老师都对学生的思想言行、学习状况、生活状况全面关心,精细地进行教育,班级一定会积极向上,生机勃勃。当然,千万不可小视家庭教育这一块。热情平等地与家长沟通交流,宣传先进的教育理念,寻求育学生成长、成人的共识与良策,也是须花精力做好的事。

教师的高尚职责就是应在学生心灵深处注进生命的灵魂——德性和智性。以此与长征中学老师共勉。

《慎思笃行——数学教师研究问题的视角与方法》序

蒋云鹏老师所写《慎思笃行——数学教师研究问题的视角与方法》一书,虽说题为数学教学,然题材广泛,视野非常开阔。关于数学教学,我是外行,不能置一词。其中说到了数学与文学,以我之浅陋,还是可以冒昧说几句。

我一向主张理科教师读一些诗歌文学著作,加深自己的文化修养和思想情趣。当然,如果能有些深入研究,动笔写写诗文,更是难能可贵。在此,我读到蒋老师关于诗词格律的研究和诗词创作,很是兴奋。

关于诗词格律研究,古人花了不少精力,成就很大。就现代而论,王力教授的《汉语诗律学》最为宏富。我则很喜欢书法家启功所写的《诗文声律论稿》。篇幅虽不大,而以"平仄长竿排列截取法"研究格律规则,觉得很有意思。看到蒋老师在本书《趣味数学与文学》中以数学研究诗律,似乎前所未有,面目一新。他在研究之余,感叹说:"当我惊喜地发现这些规律时,我不得不由衷感叹古代诗人的智慧和理性精神,他们可能不知道什么是数学,也肯定没学习过排列组合、二项式定律、线性代数之类,但那种洞悉变换规律,自然地运用数学思想的能力,让人惊叹。"这是真正的心里话。

话说回来,诗词规律帮助人把诗词写好,但并不束缚人们写诗词。有能耐的作家能在格律中自由自在运作,写出好诗。正如德国大文豪歌德在一首十四行诗中所说：

> 只有限制才显出能手，
> 只有法则能给我们自由。

蒋老师不仅能说诗词，诗词也写得好。如：

> 长相思·修养
> 身宜修，性宜修，慎思缜密好深究，非善莫能休。
> 真所求，美所求，笃行从不计春秋，宁作卧阳牛。

词的情致甚好，读来朗朗上口。我朗诵时，脑子里竟会响起前人"汴水流，泗水流，流到瓜洲古渡头，吴山点点愁……""山一程，水一程，身向榆关那畔行，夜深千帐灯……"的声音。

我又想起了大数学家苏步青教授。现今科学家能诗，首推苏老。我敬仰他，和他也很熟识。我在上海市第二师范任校长时，常请他为学校、为师生题词，以悬壁增辉。对我的请求，他几乎有求必应。后来我读到苏老 1947 年春节前后写给丰子恺的诗：

> 草草杯盘共一欢，
> 莫因柴米话辛酸。
> 春风已绿门前草，
> 且耐余寒放眼看（kān）。

诗写得实在好，想请他老人家以此写一立轴，可惜那时他已进了医院，求墨宝不成，至今深感惆怅！

理科教师能诗能文乃可喜现象，值得提倡。

上海复旦中学校本教材序

这是上海市复旦中学的一组发展性校本教材,它们是《寻梦复旦园》《辨"砖"识"屋"》《掌中求索》和《跟着环球游画看世界》。这组教材聚焦于文化主题,综合性特点鲜明。内容简明扼要,文情并茂,富有趣味性,学生阅读学习,不仅开阔视野,学到知识,而且能受到优秀文化的熏陶。

翻开《寻梦复旦园》,爱国气息扑面而来,我情不自禁地想起教李大钊的名文《多难的国运和雄健的国民》的情景,爱国情怀充盈胸际。近代以来,我国饱受帝国主义侵凌、宰割,但多难兴邦,不少志士仁人奋然而起,振兴中华。兴国首先要有各种人才,培养人才首先必须兴办教育。复旦中学成立与发展的百年历史,正是鲜明的写照与缩影。篇篇回忆性文章倾注深情,娓娓道来,如数家珍。这是复旦中学独有的优秀文化,宝贵的精神财富。自家的历史能令师生倍感亲切。19世纪俄罗斯伟大思想家赫尔岑认为:"充分地理解过去,我们可以清楚现状;深刻认识过去的意义,我们可以提示未来的意义;向后看,就是向前进。"复旦学子了解复旦的过去,理解复旦前辈的创业精神、奋斗精神,就能具体地意识到自己肩负的责任,勤奋学习,奋然前行。

《辨"砖"识"屋"》是通俗的史料解析入门书,可作中国史、外国史教学的延伸与补充。在历史教学中,有个阶段往往重观点轻史料,这本教材把史料与史学著作比作"砖"与"屋",就是一种十分形象的提醒。砖不结实,怎能造出坚固的房屋?豆腐渣工程一推就倒就是明证。一个史家,如果不在史料上考究一番,不认真辨真伪就舞文弄墨,写出来的史书就不是信史。如北齐魏收写出的《魏书》,就被后人称为"秽史"。中学时代学一点史料学初步知识,打一点历史文化的地基,对启迪思维、崇尚科学十分有益。

如果说《辨"砖"识"屋"》有比方意味,那么《掌中求索》书名倒反映真实,它真的教你在手掌中求索。T1图形计算器只有一巴掌大,被人称为"掌上电脑""掌上实验室",一器在手,的确可以"运科技实验于掌"。这给人们随时随地进行科学探索带来很大的方便。本课程的设计就是以T1图形计算器为桥梁,实现数理化跨学科学习,培养学生综合学习能力,根据时代需求,充满时代气息。

《跟着环球游画看世界》则给学生以艺术享受。这本图文并茂的教材是行万里路的实践成果。行经五大洲53个国家和地区,写下几十万字文字资料,画下几百幅钢笔淡彩写生画,扎实的旅行实践、生动的艺术文化实践,支撑了这门课程的研发,这种执着追求的精神难能可贵。古人有所谓"卧游",足不出户,通过美好的画图享受大自然的美景,这实在是条件不具备不得已求快乐的一种方法。而今杨老师行万里路不仅画出美景风情,还介绍世界各地风土人情,开阔国际视野。显然,这门课程能增进学生世界知识,培养艺术修养,学生在开阔视野的同时,必能获得审美的愉悦。

文化是一个民族的精神和灵魂。没有文化,人就没有精神追求,就空虚。文化决定着全民的素质。复旦中学以文化为主题轴开发校本综合课程,是有远见的举措。课程开发具有适切性、开放性特点,祝愿以此为起步,创造更多的精彩。

《古诗吟诵》序

中国是诗歌的王国,5 000年的优秀文化熔铸了不计其数的优秀诗篇。优秀的诗词像种子一样,有顽强的生命力,它们破土而出以后,和芳香的空气融合,长久地弥漫大地,闪发出迷人的光彩。

童年时代放情吟诵优秀古诗,身心沉浸在思想美、情感美、语言美、音乐美的熏陶之中,心灵会受到抚慰,精神会获得成长。这种快乐、这种享受、这种幸福,难以用语言表述。

《古诗吟诵》应儿童成长内心需求而诞生。它不仅选择浅显易懂、朗朗上口的诗篇,让可爱的小读者读一读、想一想、说一说、做一做、品一品、写一写,开展联想,拓展想象,感受诗情画意,让诗中景、诗中物、诗中人在脑海中浮现,让一幅幅立体的图景如在眼前,心灵沟通,情感交融;更难得的是引导小读者唱一唱、画一画、演一演,步入诗境之中,咀嚼、体味、模仿、创造,享受求知和悦读的快乐。

汉字每个字都有各自的声调,阴平、阳平、上声、去声,不同的字放在一起排列组合,会组成动听的乐章。古诗词讲究韵律,乐感极强,跌宕起伏,节奏鲜明,吟一吟,唱一唱,或委婉含蓄,或慷慨激昂,情融入诗,乐曲倾注情感,其间境界妙不可言。

古诗词是思想的精华、智慧的源泉,文化含量极高,希望儿童喜爱它,吟诵它。这样既能在语文能力、文化素养方面奠定良好的基石,更能创造童年的欢乐,构成童年与古诗宝贝为伴的金色的回忆。

为马玉文老师新著作序

马玉文老师即将出版语文课堂教学专著,来电嘱我写序。我在欣然应允之时,一件细小的事突然鲜活地浮现在眼前。

那已是八九年以前的事。市语文德育实训基地与市教研室共同举办"民族精神教育与语文课堂教学研讨会",会上开 6 节课,马玉文的《〈新序〉二则》是其中一节。他长得个子虽高,但常面带调皮,像个大男孩,大家都叫他"小马"。平时穿着随意,不考究。研讨会规模大,有 16 个城市参加,故而提醒他上课要穿整齐点,最好穿正装。课上下来后,他委屈地说:"真不自在,别扭。"原来衣服是借的。由此,我又联想起另一件事。学科德育实训基地举办"我和中国梦——筑梦人的前行路"主题论坛,他担任主持人。会前我急着找他,不见人影,打领带去了,学员好友刚带来,借给他的。

生活上简单朴素、马虎随意,在今日崇尚物质财富、炫耀名牌身份的世风下,对一名尚未步入中年的教师来说,实属难能可贵。然而更可贵的是他钟情于中学语文教学,执着追求其中的奥秘,年年月月,毫不懈怠。就如他在《器识为先:让教师充满魅力》这本小书的"后记"中所说:"'写'不是我的长项,但'作'是我的最爱。""这本小书不是一个纯理论性的东西,不是翻翻资料就能够交差的东西。它是一个瞄准实践、源于实践而又高于实践的作品,它来自实践深处,是我本人成功经验的梳理,也是对历史教训的总结,更是对一段心路历程的清理。"一名从教 15

年的教师在教学生涯中不断探索、不断实践、不断总结、不断明确前进的方向,怀揣热情,充满真诚,伴随着冷静的思考,这种教育自觉、学科教学自觉,很值得称赞。

中学语文教学的生态环境很不理想。在应试思维、应试举措全覆盖的情况下,各种评是说非、各种标牌炒作此起彼伏,执教老师没有一点定力,没有一点深层思考,脑子里就会如马蹄杂沓,乱麻一把,莫衷一是。马玉文老师在市语文名师基地、市语文德育实训基地学习讨论或教学实践时,从不跟教学时尚风,也不轻易随声附和别人的意见。他的特点是独立思考,喜爱独立思考,也比较善于独立思考。

独立思考是一种教学自信的表现。当今,教育教学信息如潮涌,要查阅什么资料,借鉴什么教学设计,只要键盘一敲,都会如期而至。若不加节制,方便了工作,弱化了思维能力。更为可怕的是,不知不觉做了思想的"矮子",教学业务深深浅浅、是是非非,任凭别人说短道长。在信教参、信专家评论、信《一课一练》、信教学时尚,为他信力所左右时,很难涌现出优秀的教师。独立思考绝不是胡思乱想,要语出惊人,而是要以认真学习、广为采撷、深入比较、判断推理作支撑。马玉文老师认真研读文本,反反复复推敲,不仅以各种材料佐证自己的看法,而且特别能看到别的老师授课的优点,从中获取养料,助自己教学成长、成熟。为此,面对刮来的阵阵时风,他能保持深深的警惕,力求维护语文学科的尊严。语文课要"货真价实",既要醉心于语言,又不丢失文化的熏陶;既要倡导"实",又不忘"美"的学问。

独立思考的结果常给他的课带来两种气象:一是简洁明亮,主干清晰;二是不落窠臼,带有新意。语文学科综合性强,功能多样,稍不留意,或过分追求"完美",就把课上"糊"了,繁枝茂叶,主干反倒隐隐约约,教学目标难以落实。马玉文功夫下在深入钻研教材上,沿波溯源,识得其中精髓,着力强主干,删枝叶,主次详略巧安排,勇于割爱。简洁就是智慧,简洁能让课堂明亮起来。众所周知,教学任务不可能一次完成,但每一次具体任务必须一清如水,不能雾里看花,让学生处于若明若暗之中。教学绝不是"寄人篱下,而窃其余唾",跟着别人亦步亦趋,而是要"脱弃陈骸,自标灵采"。语文课模式众多,文本解读也有多种套路,认真了解、研究,方是应有之义,但更重要的是目中有人,从学生学情出发,从自己阅读感受、理性思考出发,抓住教学的核心价值精心设计,教出新意,给学生以新鲜感。这方面,马玉文也作了诸多努力,有的课给人以别开生面的感觉,学生不仅学有兴趣,而且感奋,激发了旺盛的求知欲。

马玉文老师在10多年教学实践中进步、提升,初步形成了具有个性特色的教学风格,与他认真读书,坚持吮吸精神养料密切有关。清人李沂在《秋星阁诗话》中说得好:"读书非为诗也,而学诗不可不读书,诗须识高,而非读书则识不高;诗须力厚,而非读书则力不厚;诗须学富,而非读书则学不富。"教学与写诗道理相通。祝愿他以这本课堂教学专著为新的起点,继续修身养气,砥砺前行,识见日益高,力量日益厚,学问日益富,以智慧与忠诚创造语文教学的精彩。

为教师成长新著作序

教师从事的是塑造灵魂、塑造生命、塑造人的工作，其艰巨性与复杂性，难以用语言表述完备。

青少年是一个个鲜活的生命。他们的生命基因、家庭情况、情智水平、兴趣爱好、行为习惯等，各不相同，各具个性，教师要进入他们的世界，了解、熟悉、摸清他们的内在需求，绝非一日之功。而且，他们天天在发展，天天在变化，有的平稳向前，有的起起伏伏，有的突然拐弯转向，不把心贴在他们身上，就不能洞悉他们的变化，当然也就谈不上因势而教，助推成长。当今，社会上价值多元、文化多样，信息工具普及，学生生活在时代大潮中，思想、行为、性格、爱好、追求等无不打上时代的印记。教书育人工作中新情况新问题层出不穷，如何应对，如何破解难题，每个教师都要面对，都须攻坚克难，用勤奋与智慧提升教育质量。为此，教师自己的成长、教师队伍的建设就成为教育的重中之重。

教师是培育学生成长、成人、成才的人，必须自己是一个堂堂正正、光明磊落、有社会担当的人，以自己高尚的人格、高雅的情操熏陶感染学生，引导他们形成完善的人格和健康的审美情趣，以扎实的科学文化学养激发他们旺盛的求知欲，引领他们打下科学文化基础，并有向科学宝库、文化宝库积极探索的强烈兴趣。故而，古今中外对教师几乎都有共同的要求，那就是德才兼备。教师要做"谦谦君子""人之榜样"，要"腹有诗书气自华"，有厚实的学术文化功底。然而，在当今时代还得有新的要求。《国家中长期教育改革和发展规划纲要（2010—2020年）》中关于教师队伍建设要求是：建设一支师德高尚、业务精湛、结构合理、充满活力的高素质专业化的队伍。显然，"结构合理"是教育行政部门须考虑的，而"充满活力"却是教师须探索并加以落实的。这是时代的要求，在从事教育教学工作中须强化创新意识，发挥创新精神，锤炼实践能力，精神饱满，气宇轩昂，满怀自信去创建优质教育。

直面教育现场，教师加强研修、自觉成长自然就成为应有之义。人的成长是一辈子的事，学历水平不等于岗位水平，因为教育不是一个结果，而是生命展开的过程，永远面向未来。在当前社会急速变化的情势下，要挑起立德育人的刚性责任，创造教育教学的精彩，教师就须自觉地与学生一起成长。

成长有众多因素，与同行交流是有效的途径之一。现场倾听交流是一种方法，阅读同行的文字表达也是一种方法。东北师大出版社组织撰写的这套教师成长丛书是就教师素养的几个方面从理论与实践结合的高度进行探讨，展开交流，以期心灵感应，取得更多共识。

祝愿教师同行通过阅读交流，有所启迪与借鉴，使走向优秀、走向卓越的步伐更扎实更敏捷。

为陆继椿老师新著作序

陆继椿老师近年来针对中学生文学漫步的需要,选择"五四"以来名家名作进行阅读评说,在报刊上辟"阅读一得"专栏发表。现为进一步推动阅读活动的开展,从专栏所载之文择其要结集出版,嘱我作序。

我与陆老师相识已 30 余年。20 世纪 80 年代初,他就醉心于编写初中语文教材,先在本校学生中使用,后又扩展到外校、外省市使用,形成教材改革中一道美丽的风景线。这套教材的编排是以写作教学为主线的,但陆老师是名读书人,深知读是写的基础,写得顺当,写得言之有物、言之有情、言之有文,相当程度是由于爱读、会读、多读,既重视精读,又注意博览。读、写两手抓,理解、运用共生共进,引领学生提升语文能力,提高语文素养。数十载春夏秋冬的语文教学生涯,仍执着于引领学生阅读、写作,希望学生从中深受其益,真是不改初心,令人尊敬。

有关读书的重要性,古往今来不知有多少精辟的言语告喻世人,特别是激励成长中的青少年学生。用俯拾皆是来形容,毫不为过。然而在当下,对这些至理名言又有多少人入耳入心呢?又有多少人化为行动,身体力行呢?成人的状况不乐观,青少年学生呢?人的青少年时期原本是求知欲旺盛,阅读精品、上品的黄金时期,由于应试功利的强烈干扰,求学不读书,在题海中浮沉已是司空见惯。不少学生有阅读兴趣,苦于时间紧张,精力不济,力不从心,无可奈何!当下,高考、中考都在进行改革探索,但愿学生能有自主支配的时间,阅读曙光在前。

要着力培养中学生的阅读饥饿感。没有阅读饥饿感,难以有发自内心的喜爱,更不用说形成阅读的习惯。人有饥饿感,必然会积极主动地操劳饮食。三日不吃饭,不饮水,身体运转就大成问题,生命存活就受到严重威胁。故而,无须多费口舌,"民以食为天"就成为大家的共识。心灵本就有饥饿感,幼稚、蒙昧、无知、贫乏、卑微,需要养料滋养,才能发育、成长。阅读就是滋养心灵,促进精神成长的必需。离开了经典、文学佳作等的营养输送,心灵的干枯、萎缩、卑琐、狭隘,乃至被污泥浊水污染就不言而喻。在物质受到顶礼膜拜的"气候"下,人们对物质享受、身体健康极为重视,而对心灵发育、精神成长常不闻不问,不以为意,有的甚至认为虚幻,看不到实利,故而鄙视书、不读书也就不足为怪了。殊不知人的尊严、人的价值绝不是如动物般的饱食终日,而是精神世界的闪光。人要摆脱无知、贫乏、卑微、狭隘、迷茫,追求正心、诚意、高尚、智慧、仁爱,须臾离不开优秀文化经典、名著佳作的滋养。读书读的是天地人事,读自然、读社会、读人生,增长见识,认识世界,活跃思维,体悟人生百味。读书培育的是生命自觉。丰富多彩的读物给人打开一扇扇窗,让人进入其中,了解事物奥秘,结交多种朋友,判别是非善恶,追寻人生真谛。通过养眼,实现养心,久而久之,阅读者的格调、气质就会高雅起来,高贵起来,"腹有诗书气自华",为人做事就会有一番气象。反之,闭目塞听,不思精神进取,孤陋寡闻且不说,面目也可憎。"三日不读书面目可憎",黄庭坚这句话对书于人的功能、作用剖析得可谓生动又深刻,启人深省。

文学作品的阅读,对青少年学生而言,更是生活的必需,人生的必需。文学是人学,人心之学。文学是人类文明的高峰,是高于生活之上的智性思考。文学作品样式多样,小说、诗歌、散文、戏剧等,不管何种样式,都离不开对生活的观照、对世事的洞察、对人情的眷念、对生命的尊敬、对哲理的感悟,对真善美的追寻,认真阅读,体悟语言的精妙、作者的匠心,会享受到成长的快乐。陆老师对每篇作品的来龙去脉、价值取向、结构特色、语言魅力均作了精要的评说,中学生阅读附录的作品,既可有寻路之便,又可联系生活实际、阅读积累,开展想象,质疑问难,深入底里,获得真知,提升阅读能力,与陆老师交流,分享读书的欢快。

祝愿中学生读者增强阅读饥饿感,多读书,读好书,吮吸琼浆醍醐,做心灵丰富、精神轩昂的人。